나를 지키는 생존법률

나를 지키는
생존법률

억울한
일을 피하는
100가지 방법

김민철 지음

루아크

태국의 휴양도시 파타야로 여행을 간 적이 있습니다. 파타야
는 세계적인 관광지답게 자연풍광이 뛰어나고 먹거리가 풍부했
습니다. 놀거리도 다양했는데, 바다에 인접한 지역인 까닭에 특
히 해양스포츠가 발달했습니다. 윈드서핑, 수상스키, 스노클링,
스킨스쿠버다이빙, 패러세일링, 제트스키, 바다낚시 등 다양한
종류의 레포츠를 즐길 수 있죠. 그중에서도 '씨워킹sea-walking'에
대한 기억이 선명합니다.

씨워킹은 말 그대로 바닷속을 걷는 것인데, 땅이 아니라 바다
를 걸으며 다양한 수상생물을 보는 경험이 매우 새롭고 흥미로
웠습니다. 그런데 씨워킹을 하면서 약간의 두려움도 있었습니
다. 거대한 헬멧을 쓰고 그 헬멧 안으로 산소가 계속 주입되어 호

흡하는 건 지상과 크게 다르지 않았고 안전요원도 옆에 있었지만, '헬멧이 벗겨지거나 산소공급이 중단되면 어떻게 하지?'와 같은 걱정이 완전히 사라지지는 않았죠. 씨워킹이 재미있고 신나면서도 두려움을 완전히 떨치지 못한 근본적인 이유는 제가 수영을 잘 못하는 '맥주병'이어서입니다.

수영은 그 자체로 즐거움을 주는 운동이면서 때로는 생존과 직결된 기술이기도 합니다. 물놀이를 하다 물에 빠졌을 때 수영을 전혀 하지 못한다면 큰 사고를 당할 수도 있습니다. 그래서 '생존수영'이라는 말이 있고, 각 교육청이나 소방서에서 학생들을 대상으로 생존수영 교육을 합니다.

수영 이야기를 길게 한 까닭은 수영과 법이 서로 닮았기 때문입니다. 물과 관련된 활동을 할 때 수영 기술이 필요하듯이, 일상에서도 법에 대한 지식이 필요할 뿐 아니라 중요한 역할을 하곤 합니다.

국어에는 있지만 영어로 표현하기는 쉽지 않은 단어가 더러 있는데, 그 가운데 하나가 바로 '억울하다'입니다. innocent(결백한), unfair(불공정한) 등의 단어가 있기는 하지만, '억울하다'라는 단어의 뜻이 온전히 전달되지는 않는 느낌입니다.

법을 잘 알지 못하면 종종 곤란한 일을 겪습니다. 자신이 하지도 않은 일 때문에 부당한 대우를 받을 때, 자기 몫을 빼앗길 때, 다른 사람이 누리는 권리를 누리지 못할 때, 피해를 입었는데 가해자가 나 몰라라 할 때 우리는 억울함을 느끼곤 하죠. 이런 상황에서 벗어날 수 있도록 도움을 주는 게 바로 '법'입니다.

법조인에게만 법률 지식이 필요한 게 아닙니다. 일상을 살아가는 평범한 사람에게도 기본적인 법률 지식은 꼭 필요합니다. 법률 지식이 있으면 자신을 지킬 수 있으니까요. 그래서 이 책 제목을 "나를 지키는 생존법률: 억울한 일을 피하는 100가지 방법"으로 정했습니다. 독자들이 일상에서 뜻하지 않은 분쟁에 휘말렸을 때 이 책이 조금이라도 도움이 된다면 저자에겐 큰 기쁨일 것입니다.

원고 초안을 건넸을 때 선뜻 출간에 동의해준 루아크출판사에 깊은 감사를 드립니다. 일러스트 작업을 해준 정회진 님에게도 고마움을 전합니다.

평소 무심한 아들로 지내다가 책을 낼 때면 부모님 생각을 더하게 됩니다. 책을 쓰고 만들어내는 일은 쉽지 않습니다. 하지만 사람을 키워내는 일에 비하면 그 일은 아무것도 아닐 겁니다. 네 명의 자녀를 잘 키워내신 두 분께 감사와 존경의 마음을 전하며 두 분이 오래오래 건강하고 행복하시길 바랍니다. 또 항상 곁에서 격려와 응원을 아끼지 않는 가족, 친구, 친척, 동료들에게도 고맙다는 말을 드리고 싶습니다.

김민철

2장 〈신세계〉와 형사 절차 (가해자 편)

3장 〈범죄와의 전쟁〉과 형사 절차 (피해자 편)

4장 〈신과 함께〉 그리고 생활법률

5장 〈미생〉과 노동 문제

6장 〈부부의 세계〉와 가사 문제

1장

〈기생충〉과
부동산 거래

• 전·월세 계약을 할 때 유의해야 할 점 •
• 목숨 같은 보증금을 떼이지 않으려면? •
• 임대차를 둘러싼 다양한 분쟁들 •
• 개정 임대차보호법의 핵심 내용 •
• 권리금에 대해 알아야 할 것들 •

• • •

기택(송강호)은 잇따른 사업 실패로 가난에 쪼들려 살아갑니다. 기택의 가족이 기거하는 반지하는 곰팡이가 가득하고 인터넷 와이파이도 제대로 터지지 않습니다. 피자박스 접기 아르바이트로 생활을 이어가던 기택의 가족은 아들 기우(최우식)가 친구의 소개로 박사장(이선균) 딸의 과외 선생이 되면서 반전의 계기를 마련합니다. 가족 구성은 비슷하지만 글로벌 IT기업의 CEO인 박사장과 기택의 삶의 모습은 극과 극이죠.

2020년 2월 10일 열린 미국 아카데미시상식에서 작품상·감독상·각본상·국제장편영화상 등 4개 부문을 수상하는 쾌거를 이룬 봉준호 감독의 〈기생충〉은 현대사회에 만연한 빈부격차 문제를 다루고 있습니다. 두 집안의 경제적 격차를 가장 극명하게 보여주는 건 집입니다. 기택의 집은 어둠침침한 반지하지만 박사장의 집은 화려하면서도 세련된 저택입니다.

집의 1차 기능은 식사, 수면, 짐 보관과 같은 생활상의 필요를 해결하는 데 있습니다. 하지만 현대의 집은 그 이상의 의미를 갖죠. 가족끼리 정을 나누고, 휴식을 취하고, 심신의 안정을 얻는 복합적인 공간이기도 합니다. 집에 대한 수요는 많지만 공급이 부족하다 보니 많은 이가 다른 사람의 집을 빌려 살 수밖에 없습니다. 그리고 그 과정에서 다양한 법률 문제가 발생하곤 하죠.

• • •

전·월세
계약을 할 때
유의해야 할 점

높은 산에 올라 아래를 내려다볼 때, 건물이 빼곡하게 들어선 도심에 들어설 때, 끝도 없이 이어진 아파트 단지를 지날 때 혹시 이런 생각을 해본 적 없나요?

'저렇게 집이 많은데 왜 내 집은 없는 걸까?'

많은 사람이 '내 집 마련'을 꿈꾸지만, 내 소유의 집을 가진다는 건 쉽지 않은 일입니다. 내 집이 없다면 다른 사람의 집을 빌려서 생활할 수밖에 없죠. 집을 빌리는 방법으로는 크게 전세와 월세가 있습니다. 여기에서는 전세와 월세 계약을 할 때 꼭 알아야 할 사항이 무엇인지 살펴보겠습니다.

전·월세 계약 전
미리 챙겨야 할 것들

전·월세 계약처럼 다른 사람 소유의 부동산을 빌려서 사용하는 걸 법학에서는 '임대차'라고 부릅니다. '임대차계약'은 가장 흔한 법률 계약 중 하나인데, 임대차계약을 체결할 때 유의해야 할 사항으로는 무엇이 있을까요?

마음에 드는 집을 찾았다면 가장 먼저 해야 할 일은 부동산 등기부등본(등기사항전부증명서)을 확인하는 겁니다. 등기부등본은 부동산에 대한 각종 사항을 정리한 공적 문서이기 때문에 건물이나 토지에 관한 가장 믿을 만한 정보를 제공합니다.

보통 공인중개사를 통해 계약을 체결하면 공인중개사가 등기부등본을 출력해 건네주는데, 꼭 공인중개사를 거치지 않더라도 등기부등본을 발급받을 수 있습니다. 건물의 주소만 알면 누구라도 대법원 인터넷등기소(www.iros.go.kr)에 들어가 약간의 수수료(열람수수료: 700원, 발급수수료: 1,000원)를 내고 등기부등본을 뗄 수 있습니다.

등기부등본에서 우선적으로 확인해야 할 곳은 소유자 부분입니다. 등기부등본은 '표제부' '갑구' '을구'의 세 부분으로 구성되는데, 소유권에 관한 내용은 갑구에 기재되어 있습니다. 아주 예외적으로 소유자가 아닌 사람이 등기부등본에 기재되는 경우가 있지만, 일반적으로는 등기부등본에 기재된 사람을 적법한 소유자라고 보면 됩니다.

그런데 모든 건물에 등기부등본이 있는 건 아닙니다. 특히 신축 아파트는 건축이 완료된 뒤에도 등기부등본에 기재되기까지 상당한 시간이 걸려 입주보다 등기가 늦는 일이 많습니다. 그래서 신축 아파트에 대한 임대차계약을 할 때는 등기부등본을 확인할 수 없는 경우가 다반사입니다.

이럴 때는 분양계약서(공급계약서)를 확인해야 합니다. 분양계약서는 아파트의 시공사, 시행사, 매수인(분양받은 사람)의 정보가 기재되어 있는데, 일반적으로 매수인을 소유자로 보면 됩니다. 또 안전을 확보하는 차원에서 시행사에 문의해 아파트 소유자가 누구인지를 다시 한 번 정확하게 확인하는 게 좋습니다.

등기부등본에서 '가압류假押留'나 '가처분假處分'이 있는지도 살펴야 합니다. 가압류와 가처분은 보전처분의 일종입니다. 쉽게 말해 가압류는 건물 주인에게 받을 돈이 있는 채권자가 나중에 돈을 확실히 받기 위해 건물을 일시적으로 묶어두는 것이고, 가처분은 건물을 처분하지 말고 현재 상태대로 유지하게 만드는 것입니다. 가압류나 가처분이 있다는 건 그 건물 소유자가 누군가와 법적 분쟁을 겪고 있고, 그 분쟁에 건물도 연관이 있다는 걸 의미합니다. 그만큼 위험성이 높은 것이죠. 가급적 가압류나 가처분이 있는 건물은 거래하지 않는 게 가장 안전한 방법이지만, 가압류나 가처분이 있다고 해서 모든 부동산에 큰 결함이 있는 건 아닙니다. 만약 거래를 해야 한다면 가압류나 가처분 내용이 무엇이고, 왜 가압류·가처분이 있는지, 문제된 금액이 얼마인지 꼼꼼하게 따져봐야 합니다.

002   소유자 아닌 사람과
계약을 체결해야 한다면

임대차계약은 건물 소유자와 체결하는 것이 원칙입니다. 따라서 등기부등본(혹은 분양계약서)에 기재된 소유자가 아닌 다른 사람과 계약을 체결할 때는 각별히 조심해야 합니다. 소유자가 아닌 사람과 계약을 체결하는 대표 형태는 대리인과 계약하는 겁니다.

법률적으로 '대리代理'라는 개념이 있으니 소유자의 대리인과 계약을 체결하는 것도 원칙적으로 가능합니다. 하지만 대리인과 계약을 체결하려면 '위임장'과 '인감증명서'를 받아두어서 안전장치를 확보해야 합니다. 위임장과 인감증명서 없이 대리인과 계약을 체결했다가 나중에 실제 소유자가 "그런 계약을 체결한 적이 없다"라고 하면 계약의 효력이 없어 큰 낭패를 볼 수 있습니다.

'위임장委任狀'은 특정한 일을 맡긴다는 뜻을 적은 문서입니다. 위임장에는 위임인(일을 맡기는 사람), 수임인(일을 맡아서 처리하는 사람), 위임의 내용이 기재되는데, 다음 사항을 잘 확인해야 합니다.

- 위임인: 소유자와 일치하는가?
- 수임인: 계약을 체결하러 온 사람과 일치하는가?
- 위임의 내용: "임대차 체결에 관한 사항을 대리인에게 위임한다" 는 내용이 기재되어 있는가?

'인감印鑑'은 도장의 일종입니다. 특정인의 도장이 맞는지 확인하기 위해 미리 관공서에 신고해두는 도장을 인감이라 부르고, 신고된 인감과 동일하다는 걸 확인해주는 문서가 인감증명서입니다.

위임장과 인감증명서가 모두 있다면, 위임장에 찍힌 도장과 인감증명서에 찍힌 도장이 일치하는지 확인해야 합니다. 인감증명서는 발급 절차가 비교적 까다롭기 때문에 인감증명서에 찍힌 도장과 위임장 도장이 일치한다면 해당 위임장은 진실할 가능성이 매우 높습니다.

배우자가 대신 계약을 체결하는 경우는 어떨까요? 등기부상 건물 소유자는 A인데, 그 남편인 B가 대신 나왔을 때 계약을 체결해도 아무런 문제가 없는 걸까요? 부부는 한 가정을 이루고 있는 사이라 일상적인 일에 대해서는 서로를 대신할 수 있고(이런 걸 '일상가사대리권'이라 합니다), 가정 생활을 하면서 발생한 일에 대해서는 공동 책임을 집니다. 예를 들어, 남편이 동네 마트에서 생활용품을 외상으로 구입했는데 남편이 돈을 갚지 않으면 아내가 갚아야 하는 것이죠.

그런데 임대차계약을 체결하는 행위가 배우자가 대신 할 수 있는 '일상적인 일'이라면 배우자와 계약을 해도 괜찮지만, '일상적인 일'이 아니라면 법적 문제가 생깁니다. 일상적인 일인지의 여부는 각 가정이 처한 사정, 계약을 체결하게 된 경위, 계약 금액 등을 종합적으로 고려해 판단하는데, 임대차계약 체결이 일상적인 일에 해당하는지에 대한 법원의 판단은 상황에 따라 엇갈립니다. 경우에 따라 가능한 일일 수도 있고,[1] 불가능한 일이 될 수 있습니다.

이럴 때는 모험을 하기보다는 원칙대로 하는 게 낫습니다. 아무리 부부간이라 하더라도 등기부상에 기재된 소유자와 계약을 체결하는 게 바람직합니다. 그게 힘들면 위임장과 인감증명서를 받아두어야 하고요.

003   특약사항이 중요한 이유

부동산은 직거래보다는 공인중개사의 중개로 거래하는 것이 일반적입니다. 중간에 공인중개사가 끼면 공인중개사가 임대차계약서의 대략적인 내용을 작성해줍니다. 공인중개사 대부분은 표준화된 양식을 사용하기에 대체로 계약서가 비슷합니다. 그러나 아무리 공인중개사가 있다고 하더라도 계약 기간, 계약 조건(계약금, 전세금 금액 및 지급 시기), 계약 해지 사유 등은 면밀하게 살펴보는 게 좋습니다.

일반적인 사항 못지않게 '특약사항特約事項'도 중요합니다. 특약사항은 말 그대로 임대인(집주인)과 임차인(세입자)이 특별하게 약속하는 내용인데요. 일반적으로 사용되는 특약사항 문구는 다음과 같습니다.

- 현 시설 상태에서의 임대차계약이며 다른 특약이 없는 한 현재의 시설물 일체를 명도하기로 한다.
- 임차인은 임대차 목적물 훼손 시 원상복구하기로 한다.
- 대지 및 건물면적은 공부(공적장부)를 기준으로 한다.

특약사항을 정할 때 고민해볼 만한 사항을 임차인 관점에서 정리하면 다음과 같습니다.

- 전세자금 대출: 임대인은 임차인이 전세자금 대출을 받는 것에 동의하며 전세자금 대출 절차에 적극 협조한다.
- 근저당권: 임대인은 임차인으로부터 임대차보증금을 지급받는 즉시(혹은 지급받은 때로부터 ○○개월 이내에) ○○년 ○○월 ○○일자로 설정된 근저당을 말소하며 이에 따른 비용은 임대인이 부담한다.
- 애완동물: 임차인은 애완동물을 키울 수 있으며, 임대인은 이에 대해 이의를 제기하지 않는다.

- 건물 수리 등: 임대인은 ○○년 ○○월 ○○일까지 도배 및 장판을 교체한다.
- 임대차보증금 반환: 임대차계약이 만료되는 경우 임대인은 새로운 임차인을 구하는지 여부와 무관하게 임차인에게 임대차보증금을 지급한다.

이는 임차인 입장에서 정리한 것인데요. 보통 특약사항을 많이 제시할수록 임대인이 싫어합니다. 따라서 어떤 조건을 특약으로 정할지를 두고 임대인과 원만하게 협의하는 게 좋습니다.

• 핵심만 정리 •

1. 임대차계약을 체결할 때는 등기부등본 갑구를 통해 소유자를 확인하고, 가압류나 가처분이 있는 부동산은 가급적 피하는 게 좋습니다.
2. 계약은 소유자와 체결하는 것이 원칙이지만 불가피하게 대리인과 체결하는 경우에는 위임장과 인감증명서를 받아서 위임 여부를 확인해야 하는데, 이는 배우자와 체결할 때에도 마찬가지입니다.
3. 임대차계약과 관련해 요구할 사항을 미리 특약사항에 반영해두면 향후 분쟁을 방지할 수 있습니다.

목숨 같은
보증금을 떼이지
않으려면?

다른 나라에서는 쉽게 발견하기 어렵지만 한국에는 존재하는 제도가 더러 있는데, 그중 하나가 전세제도입니다. 전세는 보증금을 내고 일정 기간 집을 빌리는 방식인데, 전세로 집을 구하면 매달 월세(임차료)를 낼 필요가 없어 세입자(임차인)들은 대개 월세 방식보다 전세 방식을 선호합니다.

하지만 전세가 마냥 좋기만 한 건 아닙니다. 전세로 임대차계약을 체결한 사람이 가장 걱정하는 건 보증금을 떼이는 일일 겁니다. 보증금은 한두 푼이 아니죠. 세입자 대부분에게 보증금은 전 재산일 겁니다. 목숨 같은 보증금을 떼이지 않으려면 세심한 주의가 필요합니다.

계약이 위험한 건 아닌지 미리 확인하자

먼저 전세계약을 체결하기 전에 미리 위험성을 살펴봐야 하는데, 위험성을 살펴보려면 부동산 등기부등본의 '을구'에 기재된 선순위先順位 권리자를 확인해야 합니다. 선순위 권리자는 말 그대로 임차인보다 우선하는 권리를 가진 사람인데, 일반적으로는 근저당권자입니다.

근저당권자는 건물 소유자에게 돈을 빌려준 뒤 빌려준 돈에 대한 담보로 건물을 잡아놓은 사람인데, 주로 은행에서 대출을 받으므로 은행이 근저당권자가 됩니다. 근저당권자는 두 가지 강력한 힘을 가지고 있습니다. 첫째는 소송을 거치지 않고도 부동산에 대한 경매를 신청할 수 있고, 둘째는 다른 채권자보다 먼저 돈을 받아갈 수 있습니다. 근저당권은 채무를 담보하기 위한 꽤 강력한 수단인 것이죠.

가장 이상적인 건 근저당권 같은 선순위 권리자가 없는 집과 계약을 체결하는 것인데, 실제로는 근저당권이 설정된 집이 상당히 많습니다. 이때는 내 보증금을 무사히 받을 수 있는지 합리적으로 예측해야 합니다. 곧 건물이 경매로 넘어갔을 때 '경매 절차에서 보증금을 안전하게 회수할 수 있는지'를 가늠해봐야 하는 것이죠. 예를 들어보겠습니다. A가 전세 입주를 고민 중인 집은 건물 시세가 8억 원인데, B은행 명의로 5억 원의 근저당권이

설정되어 있고, 보증금은 4억 원입니다. 이런 상황이라면 A는 보증금을 무사히 지킬 수 있을까요?

전세 기간이 끝났는데도 임대인(집주인)이 자발적으로 보증금을 돌려주지 않으면 건물을 경매해서 보증금을 받아갈 수밖에 없습니다. 그런데 보통 경매를 하면 시세보다 70~80퍼센트 정도의 금액으로 낙찰이 되니(물론 그 이하로 낙찰될 수도 있습니다), 경매를 통해 생긴 돈은 5.6억~6.4억 원 정도입니다. 그런데 근저당권자는 선순위권리자라서 임차인보다 먼저 돈을 받아갑니다. 곧 B은행이 5억 원을 가져가면 남는 돈은 0.6억~1.4억 원가량이 되죠. 이런 상황이라면 보증금이 100퍼센트 안전하다고 말하기 어려우니 전세계약 체결에 신중을 기할 필요가 있습니다.

위 사례는 임대인에게 해당 건물 이외에 다른 재산이 없는 경우를 가정한 것이고, 다른 재산이 있다면 그 재산을 통해 보증금을 회수할 수는 있습니다.

전입신고와 확정일자는 기본 중의 기본

전세계약을 체결하고 나서 바로 해야 할 일은 전입신고(주민등록)를 하는 것입니다. 전입신고를 해야 한다는 건 대부분 알지만 왜 해야 하는지에 대해서는 모르는 사람들이 많죠. 전입신고를 해야 하는 이유는 '대항력對抗力'을 갖기 위해서입니다.

대항력을 문자 그대로 해석하면 '맞설 수 있는 힘'을 의미하는데, 대항력을 가진다는 건 임차인이라는 지위를 다른 사람에게 주장할 수 있다는 뜻입니다. 예를 들어, C라는 임대인과 전세계약을 체결했는데, 임대인(C)이 집을 팔아 D라는 사람이 새로운 임대인이 된 경우, 임차인은 새로운 임대인 D에게도 '맞설 수 있는 힘', 곧 대항력을 갖게 됩니다. D가 "내가 새로운 집주인이니 그만 집을 비워주세요"라고 말하더라도 집을 비우지 않아도 되는 것이죠.

전입신고만 한다고 대항력이 바로 생기는 건 아닙니다. 전입신고는 절차적 요건이고, 실질적 요건은 주택의 인도입니다. 곧 단순히 신고만 할 게 아니라 실제 그 집에 들어가 살아야 대항력이 생깁니다.

전입신고와 함께 '확정일자確定日字' 취득도 필요합니다. 확정일자란 임대차계약서가 작성된 날짜에 주택임대차계약서가 존재하고 있다는 사실을 증명하기 위해 법률상 인정된 일자를 말합니다.[2] 임대차계약서를 가지고 면사무소, 주민센터 등을 방문하면 공무원이 확정일자를 부여해줍니다. 요즘엔 직접 관공서를 방문하지 않고, 대법원 인터넷등기소를 통해 온라인으로 확정일자를 받을 수도 있습니다.

확정일자를 받는 이유는 '우선변제권優先辨濟權'을 갖기 위해서입니다. 우선변제권이란 건물이 경매로 넘어가서 경매대금을 나눠야 할 때 다른 권리자보다 먼저 돈을 받을 수 있는 권리를 말합니다. 이렇게 전입신고를 하고 확정일자까지 받으면 임차인은 우선변제권을 갖게 됩니다.

물론 확정일자를 받는다고 해서 모든 권리자보다 먼저 돈을 받을 수 있는 건 아닙니다. 앞서 이야기한 것처럼 확정일자를 받기 전에 이미 선순위 권리자가 있었다면 그들 다음으로 돈을 받게 됩니다. 하지만 확정일자를 받은 시점 이후에 권리를 갖게 되는 다른 채권자들보다는 권리가 앞서므로, 확정일자는 계약 체결 뒤 최대한 빨리 받아두는 게 좋습니다.

006 추가 안전장치로 무엇이 있을까?

임대차보증금을 안전하게 지킬 수 있는 대표적인 방법으로 전입신고와 확정일자 취득이 꼽힙니다. 이 두 가지를 해놓으면 어느 정도 안전장치는 마련한 셈입니다(물론 계약 체결 당시 전세금이 안전한지를 합리적으로 따져봤다는 걸 전제로 합니다). 하지만 완벽한 장치는 아닙니다. 보다 안전한 방법은 보증보험에 가입하는 것입니다.

대표적인 보증보험으로는 주택도시보증공사HUG의 '전세보증금반환보증'이 있습니다. 전세보증금반환보증은 임대차보증금이 수도권 기준 7억 원 이하, 그 외 지역은 5억 원 이하이고, 전입신고와 확정일자를 갖추면 가입할 수 있습니다. 전세보증금반환보증에 가입하면 임대인이 임대차보증금을 지급하지 않았을 때 주택도시보증공사가 임차인에게 보증금을 대신 지급하니, 임차인은 안심할 수 있습니다. 물론 보증보험 상품이니 공짜는 아니고 보증료를 내야 하는데, 보증금 2억 원인 수도권 아파트에 대해 보증보험에 가입할 경우 일 년에 25만 6000원을 내야 합니다.

주택도시보증공사의 전세보증금반환보증 외에도 비슷한 기능을 하는 상품으로는 한국주택금융공사의 '전세보증보험상품', SGI서울보증의 '전세금보장신용'이 있습니다.

보증보험 이외에 '전세권傳貰權'을 설정하는 것도 안전한 방법입니다. 전세권이란 보증금을 내고 타인의 부동산을 점유하고 사용할 권리를 말하는데요. 임대인의 동의를 얻어 임대인과 임차인이 서로 체결한 전세권설정계약에 따라 등기를 마치면 효력이 생깁니다.

전세권은 근저당권과 비슷한 힘을 가진 강력한 권리입니다. 전세권을 설정해두면 후순위 권리자나 채권자보다 먼저 보증금을 돌려받을 수 있고, 보증금을 돌려받지 못했을 때 그 집에 대한 경매를 신청할 수 있습니다.

임차인 입장에서 전세권 설정은 보증금을 지키는 훌륭한 방법이지만, 두 가지 단점이 있습니다. 첫째, 전세권 설정 등기에 따른 비용이 발생합니다. 둘째, 전세권 설정은 임차인이 독단적으로 할 수 있는 게 아니라 임대인의 동의가 있어야 가능합니다. 그런데 임대인 대부분은 자신의 부동산에 전세권이 설정되는 걸 선호하지 않습니다.

· 핵심만 정리 ·

1. 전세계약을 체결하기 전에 등기부등본 '을구'에 기재된 선순위 권리자가 있는지 알아보고 부동산에 대한 경매가 진행되었을 때 보증금을 반환받을 수 있는지 확인해야 합니다. 또 전입신고와 함께 실제로 이사를 해 대항력을 취득하고, 임대차계약서에 확정일자를 받아서 우선변제권을 확보해두어야 합니다.

2. 보다 안전하게 보증금을 지키는 방법으로는 보증보험에 가입하는 것이 있는데, 보험료(보증료)를 내야 한다는 단점이 있습니다. 전세권 설정도 좋은 방법이나 집주인의 동의가 있어야 가능합니다.

- 주택도시보증공사(http://www.khug.or.kr, 1566-9009)
- 한국주택금융공사(https://www.hf.go.kr, 1688-8114)
- SGI서울보증(https://www.sgic.co.kr, 1670-7000)

임대차를 둘러싼
다양한 분쟁들

임대차계약과 관련한 문제는 뉴스의 단골 소재입니다. 임대차계약은 일회성으로 끝나는 매매계약과 달리 일정한 기간 동안 계속 효력이 유지되는 계약인데, 그래서 다양한 법률 분쟁이 일어날 가능성이 무척 높습니다.

집과 관련해서 문제가 생겼을 때 임대인과 임차인이 서로 양보하며 원만하게 해결하는 게 최선이겠지요. 하지만 쉬운 일은 아닙니다. 의견이 서로 다른 때가 의외로 많으니까요. 이 과정에서 생긴 분쟁을 해결하는 기준이 바로 '법'입니다. 임대차계약을 둘러싼 다양한 분쟁이 생겼을 때 어떻게 대처하는 게 바람직한지 알아보겠습니다.

집 수리비는 누가 부담해야 할까?

물건을 오래 쓰면 고장이 나는 것처럼, 건물도 계속 쓰다 보면 문제가 생기기 마련입니다. 내 건물에 문제가 생긴 경우에는 당연히 내가 수리해야 합니다. 그런데 다른 사람의 건물을 빌려서 사용하는 임대차계약에서는 어떨까요?

민법에 따르면 건물 수리에 대한 1차 책임은 임대인에게 있습니다. 임대인은 임대차계약이 존속하는 동안 해당 건물을 임차인이 정상적으로 사용할 수 있도록 유지해야 할 의무를 부담하기 때문이죠.[3] 예를 들어, 임차한 집에 비가 많이 새거나 보일러가 작동하지 않는다면 임차인이 그 집에서 제대로 생활하기 어렵습니다. 이럴 때는 임대인이 본인 돈으로 누수 공사를 하거나 보일러를 수리해서 임차인이 생활하는 데 문제가 없도록 해주어야 합니다.

이때 임대인이 "내 잘못으로 생긴 문제가 아니니 수리해줄 수 없다"고 말하며 거절할 수 있을까요? 그렇지 않습니다. 수리해야 하는 사정이 임대인의 잘못으로 인한 것이 아닌 경우에도 임대인은 수리 의무를 부담합니다.[4] 임대인의 수리 의무는 특별히 뭔가를 잘못했기에 생기는 게 아니라, 그와 무관하게 임차인이 제대로 시설을 사용할 수 있도록 집 상태를 유지해야 할 의무이기 때문입니다.

그렇다고 집과 관련된 모든 걸 임대인이 책임지는 건 아니고 일부는 임차인이 알아서 손봐야 합니다. 예컨대, 형광등이 나갔다고 임대인에게 갈아달라고 요구하기는 어려운 노릇이겠죠.

임대인이 책임지는 몫과 임차인이 부담하는 몫을 가리는 것이 중요한데, 판례는 "임차인이 별 비용을 들이지 아니하고도 손쉽게 고칠 수 있을 정도의 사소한 것이어서 임차인의 사용·수익을 방해할 정도의 것이 아니라면 임대인은 수선의무를 부담하지 않는다"라는 기준을 제시하고 있습니다.[5] 곧 비용이 많이 안 들고 사소한 건 임차인이 알아서 처리하라는 겁니다.

자주 발생하는 문제에 대한 구체적 예시는 다음과 같습니다.

임대인 부담

• 벽의 균열 및 누수

• 보일러 고장이나 파손

• 화장실 배관의 하자 또는 수도관 파손

• 결로 등 건물의 구조로 인한 심각한 곰팡이

임차인 부담

• 형광등 교체

• 변기의 단순한 용품 교체

• 수도꼭지나 샤워기의 소모품 교체

물론 위 기준이 절대적인 건 아닙니다. 건물의 종류와 용도, 파손 또는 장해의 규모와 부위, 이 때문에 건물의 사용·수익에 미치는 영향의 정도 같은 제반 사정을 참작해 구체적인 사안에 따라 누가 부담해야 하는지 판단해야 합니다.[6]

임대인이 수리해줘야 하는데도 해주지 않는다면 임차인은 어떻게 해야 할까요? 임차인이 수리비용을 부담하고 임대인에게 청구할 수 있습니다. 단 임대인에게 비용 청구를 하려면 임차물의 보존에 관한 필요비를 지출한 경우여야 하는데, '보존에 관한 필요비'인지는 상황에 따라 다를 수 있으므로, 임대인에게 미리 그 사실을 알리는 게 낫습니다. 또 수리가 되지 않아 생활에 지장이 있다면 지장이 있는 만큼의 임차료(월세) 지급을 거부할 수도 있습니다.[7]

008 임차인은 어디까지 원상회복시켜야 할까?

임대차는 일정한 돈을 내고 다른 사람의 건물을 빌려서 사용하는 게 본질이므로, 임차인은 임대차 기간이 끝나고 나면 해당 건물을 임대인에게 돌려줘야 합니다. 그런데 반환할 때 어떤 상태로 돌려줘야 하는지를 놓고 종종 문제가 생깁니다.

민법에 따르면 임차인은 "임대차를 할 당시의 원래의 상태"대로 반환하는 것이 원칙입니다.[8] 예를 들어, 건물을 임차한 뒤 장사를 하기 위해 별도로 칸막이를 설치하는 공사나 새롭게 인테리어를 했다면, 공사나 인테리어를 하기 전 상태로 돌려놓아야 하는 것이죠.

그런데 임대차를 할 당시 어떤 상태였는지를 두고 다투는 경우가 있습니다. 특히 임차인이 여러 차례 변경되는 경우 이런 문제가 생기는데, 이전 임차인이 해놓은 상태에서 변형하지 않고 그대로 넘겨받아 사용했는데, 임대차가 끝났다고 임대차 이전 상태로 복구해야 한다는 건 불합리할 수 있습니다. 이런 문제를 예방하기 위해서는 임차할 때 미리 건물 상태를 사진이나 동영상으로 촬영해두는 게 좋습니다.

임대차가 끝나면 원래 상태로 돌려놓는 게 원칙이지만, 그렇다고 완전히 처음과 똑같은 상태로 되돌리는 건 매우 어려운 일입니다. 임차인이 특별히 무엇을 하지 않더라도 시간이 지나면 건물 상태는 자연스럽게 달라지기 때문입니다. 특히 장기간 임차한 경우에는 처음 임차할 때와는 상당 부분이 바뀌어 있을 가능성이 높습니다.

그런데 간혹 무리한 요구를 하는 임대인들이 있습니다. 완전히 새집처럼 되돌려놓아야 하고, 만약 그렇지 않으면 보증금에서 공사비용을 빼겠다고 엄포를 놓는 것이죠. 하지만 임대인의 이런 요구는 법적으로 타당하지 않습니다.

건물 상태가 악화되거나 가치가 감소했더라도 임차인이 정상적인 방법으로 사용해 발생한 일반적인 손상은 임차인이 원상회복할 필요가 없습니다.[9] 예를 들어, 벽지, 장판, 방충망, 에어컨, 실외기 연결구, 바닥 타일, 벽체 페인트 등의 손상은 일반적인 것이니 임대차 과정에서 일부 손상이 생기더라도 임차인의 책임은 아닌 것이죠.

임차인은 반드시
집을 보여줘야 할까?

009

임대차 기간이 끝나면 임대인과 임차인은 각기 다른 고민에 빠집니다. 임차인은 새로운 집을 알아봐야 하고, 임대인은 새로운 임차인을 구해야 하지요. 새로운 임차인을 구하기 위해 임대인이 공인중개사무소에 집을 내놓으면 관심 있는 사람들이 문의를 하는데, 아무리 온라인 기술이 발달하고 집을 소개하는 각종 플랫폼이 생겨났다고는 하지만 집을 구할 때는 발품을 팔 수밖에 없습니다. 온라인을 통해 본 사진과 실제 모습이 너무 다르기도 하고, 집 크기가 적당한지, 일조권이 충분히 보장되는지, 집 분위기와 주변 환경은 어떤지 같은 사항은 직접 현장을 방문해 봐야만 알 수 있기 때문이죠.

임차인은 대체로 집을 구하려는 사람이 오면 자신이 살고 있는 집을 보여주곤 합니다. 그런데 가만히 생각해보면 꼭 그래야 하나 싶은 의문도 듭니다. 집은 사적 공간인데 다른 사람에게 보여준다는 게 꺼림칙하게 느껴지기도 하니까요. 그나마 임차인이 집에 있는 경우라면 괜찮지만, 직장에 출근해서 집에 없는 경우에는 문제가 더 커집니다. 이런 때는 열쇠를 공인중개사 사무실에 맡기거나 도어락 비밀번호를 알려주기도 하는데, 다른 사람에게 내 집 출입을 허락하는 게 마뜩잖을 법합니다.

이런저런 이유로 집을 공개하기 싫어서 집 보여주는 걸 거절할 수 있을까요? 이에 관한 명시적 판례를 찾기는 어려워 단정하기는 어렵지만, 임차인이 원하지 않으면 '거절할 수 있다'라는 게 일반적인 해석입니다.

임차인이 집을 보여주기 어렵다고 하면 임대인은 펄쩍 뛸지 모릅니다. "이런 식으로 협조하지 않으면 보증금을 돌려줄 수 없다"고 압박할 수도 있겠죠. 한국처럼 전세제도가 발달한 사회에서는 새로운 임차인에게 보증금을 받아 이전 임차인에게 주는 일이 많기에 임대인의 주장도 어느 정도 이해가 가는 면이 있습니다. 하지만 임대인의 주장은 법률적으로 타당하지 않습니다. 임대차계약서에 특별히 정하지 않은 이상 임차인이 새로운 임차인을 구해야 할 의무도 없고, 새로운 임차인이 구해졌는지와 무관하게 임대인은 보증금을 돌려줘야 할 의무가 있기 때문입니다.

만약 임차인이 집을 보여주기 싫다고 하는데도 임대인이 마음대로 임차인의 집에 들어간다면 주거침입죄에 해당해 형사처벌을 받을 수도 있습니다. 임대인 입장에서는 '내 소유의 집에 내가 들어가는데 이게 무슨 범죄냐'고 생각할 수 있지만, 주거침입죄를 처벌하는 이유는 생활의 평온을 보호하기 위한 것이기에

법은 주택이 누구 소유인지보다는 현재 그 집에 누가 살고 있는지를 더 중시합니다.[10] 곧 임대를 준 기간에는 임대인(집주인)이라 하더라도 함부로 임차 건물에 들어갈 수 없습니다.

∙ 핵심만 정리 ∙

1. 임대인에게는 임차인이 집을 제대로 사용할 수 있게 해줄 의무가 있으므로, 집의 수리비용은 임대인이 부담하는 게 원칙입니다. 다만, 비용이 적게 들고 간단한 사항은 임차인이 부담해야 합니다.

2. 임대차계약이 끝나면 임차인은 임차할 당시의 상태로 건물을 원상회복시켜 돌려주어야 합니다. 하지만 정상적으로 사용해서 생긴 일반적인 손상까지 임차인이 책임져야 하는 건 아닙니다.

3. 임차인에게는 자신의 거주 공간을 다른 사람에게 공개해야 할 의무가 없습니다. 임차인이 집을 보여주지 않았다는 이유로 임대인이 보증금을 지급하지 않거나 임차 건물에 마음대로 들어갈 수도 없습니다.

개정
임대차보호법의
핵심 내용

임대차계약 기간은 임대인(집주인)과 임차인(세입자)이 정하기 나름이지만 2년으로 하는 게 일반적이라서 임차인은 2년마다 이 집 저 집 옮겨 다니는 메뚜기 신세가 될 수도 있습니다. 재계약을 하면 더 오래 살 수 있겠지만, 집주인이 재계약을 원하지 않는데 억지로 계약을 체결할 수는 없는 노릇이죠.

그런데 2020년 7월 31일, 주택임대차보호법이 개정되면서 상황이 달라졌습니다. '계약갱신청구권' 같은 임차인의 권리를 보호하기 위한 제도가 도입되었기 때문입니다. 구체적으로 어떤 내용인지 알아볼까요?

010

계약갱신청구권이란 무엇일까?

계약갱신청구권은 말 그대로 임차인이 임대인에게 계약을 갱신해달라고 요구할 수 있는 권리를 말합니다. 임차인이 계약갱신을 요구하면 임대인은 특별한 사정이 없는 한 계약을 갱신해야 하죠. 그렇다고 계약 갱신을 무한정 요구할 수 있는 건 아닙니다. 무한히 계약 갱신을 요구할 수 있다면 임차인이 계속 집을 사용하고 임대인은 집을 쓸 수 없는 부당한 일이 생길 수 있으니, 갱신청구권은 1회만 사용할 수 있습니다. 최초 임대차계약으로 2년을 살고, 계약 갱신을 청구해 2년을 추가하면 최소 4년 동안은 같은 집에서 살 수 있는 겁니다.

계약갱신청구권은 권리이지 의무가 아니므로 임차인이 반드시 계약 갱신을 청구해야 하는 건 아닙니다. 임차인이 원하지 않으면 갱신청구권을 행사하지 않고 임대차계약을 끝낼 수 있죠.

계약을 갱신시키려면 두 가지 사항에 유의해야 합니다.

먼저 갱신 청구를 할 수 있는 기간을 잘 지켜야 합니다. 임대차 기간이 끝나기 6개월 전부터 1개월(2020년 12월 10일 이후 최초로 체결하거나 갱신된 계약은 2개월) 전까지 계약 갱신을 청구해야 합니다. 그 기간을 지키지 못하면 갱신할 수 없습니다. 예를 들어, 2021년 7월 25일에 임대차 기간이 끝난다면 2021년 1월 25일부터 2021년 6월 24일 사이에 계약 갱신을 청구해야 합니다. 만약 7월 1일에 계약 갱신을 청구하면 '1개월 전 청구' 요건을 충족하지 못해 갱신이 되지 않습니다.

또 임차한 주택과 관련해 임차인에게 잘못이 없어야 합니다. 계약 갱신을 요구할 수 없는 임차인의 잘못 중 대표 사례는 다음과 같습니다.

- 2개월분에 해당하는 임차료를 지급하지 않는 경우
- 임차인이 거짓이나 부정한 방법으로 임차한 경우(이를테면 허위 신분으로 계약하거나 불법적 목적으로 주택을 사용한 경우)
- 임대인의 동의 없이 주택을 다른 사람에게 재임대한 경우
- 임차인이 임차한 주택을 고의나 중대한 과실로 파손한 경우

계약 갱신을 요구하기 위한 방법은 특별히 정해져 있지 않습니다. 말, 전화, 문자메시지, 이메일 등 어느 방법을 사용해도 됩니다. 그런데 장래에 발생할 수 있는 분쟁을 예방하려면 문자, 녹음, 내용증명 우편을 활용해 증거를 남기는 게 현명합니다.

011 계약 갱신이 되면 무엇이 좋을까?

계약 갱신의 가장 좋은 점은 이사할 필요가 없다는 점일 겁니다. 계약 갱신이 된 시점부터 적어도 2년간은 살던 집에서 계속

지낼 수 있으니 생활이 안정되겠지요.

그런데 계약 갱신을 했다고 해서 임차인이 무조건 2년을 다 살아야 하는 건 아닙니다. 2년은 임차인을 보호하기 위한 기간입니다. 곧 임차인은 2년이라는 기간을 채우지 않더라도 임대차계약을 해지하고 나가겠다고 할 수 있습니다. 그렇다고 아무 때나 나갈 수 있는 건 아닙니다. 임차인이 나가면 임대인은 임차보증금을 돌려줘야 하고 새로운 임차인도 구해야 하니 임대인에게 일정한 시간을 줘야 합니다. 그래서 계약 기간 중 임대차계약을 해지하고 나가겠다고 임대인에게 말하고 나서 3개월이 지나야 효력이 발생합니다.

계약이 갱신되어 이사 갈 필요성은 없어졌다 하더라도 임차료가 너무 높게 상승하면 계약 갱신의 의미가 반감됩니다. 이에 따라 개정 주택임대차법은 계약을 갱신할 때 임대료 상한을 5퍼센트로 정했습니다. 법률에서 5퍼센트라는 상한을 정한 것이므로 지자체에 따라 5퍼센트 이내에서 조례로 다르게 정할 수도 있습니다.

그럼, 계약 갱신이 되면 무조건 5퍼센트를 올려야 할까요? 그렇지는 않습니다. 상한이라는 말에서 알 수 있듯이 최대 5퍼센트까지만 올릴 수 있다는 의미이지 꼭 그만큼 인상해야 한다는 건 아닙니다. 임차인과 임대인이 협의를 통해 임차료를 동결시키거나 5퍼센트보다 낮게 인상률을 정할 수 있습니다.

임대인이 그 집에 살고 싶을 때는?

임차인이 계약 갱신을 요청하면 임대인은 정당한 사유 없이 거절할 수 없지만, 임대인이 그 집에 들어가 살고자 하는 경우에는 예외입니다. 곧 임차인이 "2년을 더 살겠다"고 하더라도 임대인이 "내가 그 집에 들어가 살아야 하니 집을 비워달라"고 요청한다면 임차인은 그 집에서 나와야 합니다. '임차인이 안정적으로 주택을 빌려서 살 권리'도 중요하지만 '주택 주인이 자기 재산을 자유롭게 활용할 수 있는 권리'도 보호할 필요가 있기 때문입니다.

반드시 임대인 본인이 주택에 살아야 하는 건 아니고 임대인의 직계존속(할아버지, 할머니, 아버지, 어머니) 또는 직계비속(자녀, 손자녀)이 사는 경우에도 임대인이 사는 것으로 간주합니다.

임대인의 재산권을 보호해야 하는 건 맞지만, 임대인이 이 제도를 악용하는 건 경계해야 합니다. 계약을 갱신할 경우 임차료를 5퍼센트까지만 올릴 수 있다고 했지요? 그런데 새로운 임차인과 계약할 경우에는 임차료 인상에 제한이 없으므로 임대인은 임차인에게 직접 살겠다고 말해놓고 다른 임차인에게 임대를 줄 가능성이 있습니다.

이런 경우에는 기존 임차인이 임대인에게 손해배상을 청구할 수 있는데, 손해배상액을 정하는 방법은 조금 복잡합니다. 우선

임대인이 계약 갱신을 거절할 당시 임차인과 손해배상액에 관해 미리 합의했다면 그 금액에 따라 손해배상을 하면 되는데, 현실적으로 이런 경우가 생길 가능성은 높지 않습니다.

그런 합의가 없는 경우에는 다음 금액 중 가장 큰 금액이 손해배상액이 됩니다.

- 갱신을 거절할 당시 월 임차료의 3개월분에 해당하는 금액
- 임대인이 제3자에게 임대해 얻은 월 임차료와 갱신 거절 당시 월 임차료 간 차액의 2년분에 해당하는 금액
- 갱신 거절로 임차인이 입은 손해액

013 자주 문제가 되는 상황들

새로운 법이 시행되면 혼란이 발생하는 게 일반적입니다. 법은 추상적인 규범이라 구체적인 상황에서 어떻게 적용되는지는 법원 판례가 쌓여야 확실하게 알 수 있는데, 아직은 새로운 임대차보호법이 시행된 지 얼마 되지 않아 판례가 충분히 없습니다. 이럴 때는 정부 해설서가 참고자료가 됩니다. 국토교통부와 법무부가 발간한 〈주택임대차보호법 해설집〉을 바탕으로 자주 문제가 되는 상황을 문답 형식으로 알아보겠습니다.

임대차계약이 묵시적으로 갱신되었습니다. 이 경우에도 계약갱신 청구권을 행사한 것으로 보나요?

그렇지 않습니다. 묵시적 갱신은 임대인과 임차인이 임대차계약 종료에 대해 특별한 언급을 하지 않아 자동으로 계약이 연장된 겁니다. 묵시적으로 계약이 갱신된 경우에는 계약갱신청구권을 행사한 것이 아니므로, 여전히 임차인은 묵시적 갱신에 따른 계약이 끝날 무렵에 계약 갱신을 요구할 수 있습니다.

임대인이 직접 거주한다는 이유로 계약 갱신을 거절했는데, 실제로는 직접 거주하지 않는 것 같습니다. 임대인이 직접 거주하는지 임차인이 확인할 방법이 있나요?

임차인은 해당 건물의 전입세대 또는 확정일자 열람을 통해 임대인이 직접 거주하는지 혹은 다른 사람에게 다시 임대를 주었는지 확인할 수 있습니다.

임대인이 직접 거주한다는 이유로 계약 갱신을 거절했는데, 공실로 비워두고 있습니다. 이런 경우에는 임대인이 임차인에게 손해배상을 해야 하나요?

공실로 비워둔 이유에 따라 달라집니다. 임대인이 입주하기 위해 주택 수선이나 인테리어 공사를 하려고 비워두거나, 거주하던 직계존속(부모님)이 사망해 집이 비게 된 경우처럼 불가피한 사정이 있으면 임대인은 손해배상을 하지 않아도 됩니다. 그러나 임대인이 실제 거주할 의사가 없으면서 갱신을 거절하고 집을 비워둔 경우에는 민법에 따라 손해배상을 해야 할 가능성이 높습니다.

임대인과 임차인이 합의하더라도 임대료는 무조건 5퍼센트 이하로 만 인상할 수 있나요?

그렇지는 않습니다. 계약갱신요구권을 행사할지 말지는 임차인 의사에 달려 있으므로 임차인이 이를 행사하지 않고 임대인과 합 의해 5퍼센트를 초과해 임대료를 인상하는 새로운 임대차계약을 체결하는 것도 가능합니다. 다만 이 경우에 임차인은 계약갱신요 구권을 행사하지 않은 것이므로 차후에 계약갱신요구권을 1회 행 사할 수 있습니다.

• 핵심만 정리 •

1. 개정 임대차보호법에 계약갱신청구권이 새롭게 생겨서 임차 인은 최소 4년간 같은 집에서 계속 살 수 있습니다. 계약을 갱신하려면 정해진 기간 내에 갱신을 청구해야 하고, 임차인 에게 특별한 잘못이 없어야 합니다.
2. 임차인의 요구로 계약이 갱신된 경우에는 임차료를 최대 5퍼 센트까지만 올릴 수 있습니다. 임대인이 직접 주택에 사는 경우에는 계약이 갱신되지 않는데, 임대인이 거짓으로 계약 갱신을 거절한 경우 임대인은 임차인에게 손해배상을 해야 합니다.

권리금에 대해
알아야 할 것들

　직장생활 5년차에 접어든 A는 월급쟁이의 삶이 점점 지겨워져 직장을 그만두고 장사를 해볼까 고민하지만 장사 경험이 없어 망설여집니다. 한편 B는 김밥, 라면 같은 분식류를 주로 파는 가게를 운영하고 있는데, 이제 장사를 그만했으면 좋겠다는 생각을 합니다. 그러는 한편 그동안 가게를 운영하며 자리를 잡느라 고생도 많이 했고 단골도 제법 확보했기에 장사를 접으면 이를 모두 날리게 되니 아쉬운 마음이 듭니다.

　이렇게 새로 장사를 하고 싶은 사람과 장사를 그만두고 싶은 사람이 만나면 자연스럽게 거래가 일어납니다. 거래에는 대가, 곧 돈이 오고 가기 마련이죠. 이때 두 사람이 주고받는 돈이 바로 '권리금'입니다. 권리금을 주고받는 건 상가를 임대하는 경우 발생하는 일반적인 현상이므로, 권리금에 대해 잘 알아두어야 부당한 피해를 방지할 수 있습니다.

법의 테두리 안으로 들어온 권리금

간단하게 말해서 권리금은 영업(장사)을 하면서 누리던 여러 이익을 넘기는 과정에서 지급받는 돈입니다. 이때의 이익이라는 건 가게 비품처럼 눈으로 명확하게 확인할 수 있는 것도 있지만 무형의 것도 있습니다. 위치나 분위기가 좋아서 가게를 찾는 경우가 있을 텐데요. 이처럼 위치, 분위기, 단골 고객 같은 눈으로 보이지는 않지만 가치가 있는 요소들까지 다 포함하는 게 권리금입니다.

중소벤처기업부의 2018년 상가건물임대차 실태조사에 따르면, 상가에 들어갈 때 권리금을 지급하는 사람이 50퍼센트에 달하는 것으로 나타났습니다. 이처럼 권리금을 주고받는 일은 상거래에서 흔하게 발생하지만, 그동안 권리금에 대한 법적 보호가 충분하지 않아 임차인들이 손해를 보는 경우가 적지 않았습니다.

결국 2015년 권리금에 관한 내용이 상가임대차법에 반영되면서 권리금은 정식으로 법의 테두리 안으로 들어오게 되었습니다. 일부 언론에서는 2015년 전까지 권리금이 불법이었다가 법

개정이 되면서 합법이 되었다고 기사를 내보내기도 했는데, 정확하지 않은 표현입니다.

2015년에 상가임대차법이 개정되기 전에도 권리금은 불법이 아니었고 주고받는 데에 아무런 문제가 없었습니다. 다만 임차인끼리 알아서 하도록 놔둔 상태였죠. 자율적으로 처리하게 두니 권리금을 둘러싼 분쟁이 발생하더라도 해결할 방법이 마땅치 않았던 것입니다. 하지만 상가임대차법이 개정되면서 법이 개입해 권리금에 대한 임대인의 행동을 규율하게 된 것이죠.

사실 권리금은 장사(영업)에 관한 권리의 대가여서 건물(부동산)과는 직접적 연관이 없습니다. 하지만 장사를 하는 사람들은 다른 사람의 건물을 빌려 영업하는 경우가 대부분이라 임대인이 권리금 문제에 들어오게 되는 겁니다. 그렇다 해도 권리금이 기본적으로 임차인 사이의 문제라는 데에는 변함이 없습니다.

상가임대차법이 개정되면서 앞으로는 임대인이 권리금을 책임지게 되었다는 것으로 생각하는 사람들이 있는데 이것 역시 오해입니다. 예를 들어, 이전 임차인에게 권리금 3000만 원을 주고 횟집을 인수한 사람이 장사를 접게 되었을 때, 예전에 지급한 권리금을 임대인에게 달라고 요구할 수는 없습니다. 개정된 상가임대차법 내용은 권리금을 임대인에게 책임지라는 게 아니라 임차인끼리 주고받는 권리금 문제에 임대인이 부당하게 개입하지 말라는 것입니다.

015 권리금을 회수할 때 문제가 되는 경우

실제 있었던 사례를 통해 상가임대차법 중 권리금 관련 조항이 어떤 경우에 적용되는지 알아보겠습니다.

김씨는 이씨 건물에서 오랫동안 떡집을 운영했는데 이씨가 더이상 임대차계약을 연장하지 않을 테니 가게를 비워달라고 했습니다. 그동안 쌓아왔던 걸 포기해야 할 상황에 처한 김씨는 안타까운 마음이 들었습니다. 그런데 다행히 박씨가 떡집을 넘겨받겠다며 권리금 1억 원을 주겠다고 약속했습니다. 일이 잘 해결되었다고 생각한 김씨는 임대인 이씨에게 이런 내용을 설명했죠. 그런데 이씨 생각은 달랐습니다. 이씨는 떡집 공간을 본인이 직접 사용할 예정이라서 새로운 임차인 박씨와 임대차계약을 체결하지 못하겠다고 한 겁니다. 장사에서 가게 위치는 상당히 중요합니다. 이른바 '목'이 좋아야 잘 되니까요. 박씨가 김씨에게 권리금 1억 원을 주겠다고 한 건 김씨가 장사하던 곳에서 계속 장사할 수 있다고 생각했기 때문입니다. 그런데 이씨와 임대차계약을 체결하지 못하면 박씨는 그곳에서 장사할 수 없게 됩니다. 그러자 박씨는 김씨에게 권리금을 주지 못하겠다고 말합니다.

개정된 상가임대차법은 바로 이런 상황에서 힘을 발휘합니다. 예전에는 이럴 때 임차인 김씨가 할 수 있는 일이 별로 없었지만 지금은 다릅니다. 바뀐 법에 따르면 임대인 때문에 임차인이 권리금을 회수하지 못해 손해가 생기면, 임대인이 그 손해를 배상해야 합니다. 곧 개정된 법은 임차인의 권리금 회수 행위를 임대인이 방해하는 걸 금지하고 있는 것입니다.

016 이렇게 하면 '권리금 회수 방해'가 된다

'권리금 회수 방해 행위'란 구체적으로 어떤 걸 말하는 걸까요? 상가임대차법은 네 가지를 규정하고 있는데, 크게 두 가지로 나눠 이야기할 수 있습니다.

첫째, 임대인이 권리금에 직접 개입하는 경우입니다. 임대인이 신규 임차인으로부터 직접 권리금을 받거나 신규 임차인에게 "기존 임차인에게 권리금을 주지 마세요"라고 말하면 권리금 회수를 방해하는 일이 됩니다. 권리금은 임차인끼리 알아서 주고

받는 것이니 임대인이 개입해서 감 놔라 배 놔라 하면 안 됩니다.

둘째, 권리금에 직접 개입하는 건 아니지만 신규 임차인과 계약을 체결하지 않아 결과적으로 권리금을 받지 못하게 만드는 경우입니다. 대표 사례로는 기존 임대차계약보다 훨씬 많은 돈을 요구하는 상황을 들 수 있습니다. 예를 들어 기존에는 월 임차료(월세)가 100만 원이었는데 새로운 임차인에게 월 300만 원을 내라고 요구하면 신규 임차인은 계약을 체결하지 않으려 하겠죠. 그러면 기존 임차인은 권리금을 회수하지 못하게 될 테고요.

여기까지 읽고 나면 이 법이 임차인에게만 지나치게 유리하고 임대인에게는 너무 가혹한 것 아니냐고 생각할 수도 있습니다. 기본적으로 상가임대차법은 임대인보다는 임차인을 보호하기 위한 법입니다. 일반적으로는 임대인이 '갑', 임차인이 '을'이기 때문이죠. 하지만 상가임대차법이 무조건 임차인만 보호하는 건 아닙니다. 권리금에 대해서도 마찬가지죠. 권리금을 회수하지 못했다고 해서 임차인이 항상 임대인에게 손해배상을 받을 수 있는 건 아닙니다. 손해배상을 받기 위해 임차인이 조심해야 할 사항들로는 무엇이 있을까요?

첫째, 기존 임차인에게 잘못이 있을 때 임대인은 손해배상을 하지 않아도 됩니다. 기존 임차인이 월세를 세 번 이상 내지 않은 경우, 임대인의 동의 없이 임차 건물을 다른 사람에게 다시 임대한 경우, 임차인이 건물을 심하게 파손시킨 경우가 대표적입니다. 권리와 의무는 동전의 양면처럼 붙어 있는 관계라서 임차인도 제 몫의 의무를 이행해야 손해배상청구권이라는 권리를 사용할 수 있는 것입니다.

둘째, 신규 임차인에게 문제가 있으면 임대인은 신규 임차인과 계약 체결을 하지 않아도 됩니다. 임대인의 주된 목적은 임차인에게 보증금이나 월세를 받는 겁니다. 그런데 신규 임차인에게 돈이 없어 보증금이나 월세를 내지 못할 것 같은 상황이라면 어떨까요? 이런 경우에도 무조건 계약을 체결하라고 하는 건 임대인에게 지나치게 가혹합니다. 따라서 기존 임차인은 제대로 된 신규 임차인을 섭외해야 합니다.

한 가지 유의할 사항이 더 있습니다. 기존 임차인이 임대인에게 손해배상을 청구할 때는 시간을 잘 지켜야 합니다. 법에는 소멸시효라는 게 있어서 일정 시간이 지나면 권리를 행사할 수 없습니다. 보증금을 회수하지 못해 손해배상을 청구할 수 있는 권리는 소멸시효가 3년입니다. 이 말은 임대차가 끝난 날부터 3년 이내에 손해배상을 청구해야 한다는 뜻입니다.

017 얼마를 받을 수 있을까?

만약 임대인이 권리금 회수를 방해했고 임차인에게 특별한 잘못이 없다면 임대인은 임차인에게 손해배상을 해야 합니다. 그럼, 임차인은 임대인에게 얼마를 받을 수 있을까요? 신규 임차인이 주기로 한 돈과 임대차가 끝날 무렵의 권리금 시세 중에서 적은 금액입니다. 예를 들어, 신규 임차인이 주기로 한 돈은 5000만 원인데 권리금 시세가 3000만 원이라면 임대인은 3000만 원을 주어야 합니다. 반대로 신규 임차인이 주기로 한 돈은 4000만 원인데 권리금 시세가 6000만 원이면 임대인은 4000만 원을 주어야 하고요.

손해배상 액수를 정할 때 문제가 되는 건 권리금 시세입니다. 신규 임차인이 주기로 한 돈은 정해져 있지만 권리금 시세라는 건 정확하게 정해진 게 없습니다. 시세를 객관적으로 파악하려면 전문가의 도움을 받아야 하는데, 부동산 가치를 평가하는 사람들이 바로 감정평가사입니다. 그래서 실제로 권리금에 관한 소송이 제기되면 법원은 감정평가사 같은 전문가에게 의뢰해 시세를 확인합니다.

• 핵심만 정리 •

1. 권리금은 영업(장사)을 하면서 누리던 여러 이익을 넘기는 과정에서 지급받는 돈인데, 2015년 상가임대차법이 개정되면서 권리금에 대한 명문의 법률 규정이 생겼습니다.
2. 권리금은 임차인끼리 주고받는 돈이므로 원칙적으로 임대인에게는 권리금을 요구할 수 없습니다. 그러나 임대인이 권리금 문제에 개입하거나 부당하게 신규 임차인과 계약 체결을 거부하면 권리금 회수를 방해한 게 되어 손해배상을 해야 합니다. 그 액수는 신규 임차인이 주기로 한 돈과 임대차가 끝날 무렵의 권리금 시세 중 적은 금액입니다.

2장

〈신세계〉와
형사 절차
(가해자 편)

· 경찰, 검찰, 법원이 출석을 요구한다면? ·
· 자칫 교통사고로 범죄자가 될 수도 있다 ·
· 합의를 잘해야 교도소를 면한다 ·
· 이런 것도 범죄다 ·

· · ·

'골드문'은 국내 최대 범죄조직으로 사회 각 분야에 발을 뻗치며 세력을 키워나갑니다. 골드문을 그대로 두어서는 안 되겠다고 판단한 경찰청 수사기획과 강과장(최민식)은 경찰 이자성(이정재)을 골드문에 몰래 침투시키고, 이자성은 골드문 2인자인 정청(황정민)의 오른팔이 됩니다. 골드문 회장이 사망하면서 후계를 둘러싼 이전투구가 벌어지고, 경찰은 후계자 결정에 직접 개입하는 작전을 감행합니다.

"죽기 딱 좋은 날씨네." "거, 장난이 너무 심한 거 아니오?" "들어와, 들어와" 같은 숱한 유행어와 명대사를 낳은 영화 〈신세계〉는 범죄 누아르 장르입니다. 작전, 배신, 원한이 얽히고설켜 있어 갈등 관계가 매우 복잡한데 심리묘사는 무척 섬세해 관객들이 긴장의 끈을 놓치지 못하게 만드는 매력적인 영화죠.

〈신세계〉에는 온갖 범죄가 다 나오는데, 영화만큼은 아니지만 현실에서도 그와 비슷한 각종 범죄가 일어나고 있습니다. 가급적 범죄에는 연루되지 않는 게 좋지만 살다 보면 안 좋은 일에도 얽히기 마련입니다. 어쩌다 범죄에 연관이 된다면 현명하게 대응해야 피해를 최소화할 수 있습니다.

· · ·

경찰, 검찰, 법원이 출석을 요구한다면?

보이스피싱 범죄는 사람의 두려움을 이용합니다. 초기 보이스 피싱은 가족이 납치되었다거나 큰 사고를 당했다고 속여서 돈을 받아내는 식이었습니다. 두려움에 빠지면 이성적 판단이 어려워 지는 걸 악용한 것이지요. 범죄에 연루되어 수사기관에 출석해 야 하는 상황은 매우 두려운 일입니다. 그래서 수사기관을 사칭 한 범죄자들이 기승을 부리는 것이고요.

경찰이나 검찰 관계자를 사칭한 보이스피싱이라면 못 들은 것으로 치고 무시하면 되지만, 실제로 경찰이나 검찰이 출석을 요구하는 경우에는 이야기가 달라집니다. 경찰이나 검찰이 출석 을 요구했는데도 보이스피싱으로 단정해 무시해버린다면 큰 피 해를 당할 수도 있죠. 수사기관만이 아니라 법원도 출석을 요구할 수 있습니다. 여기서는 수사기관, 법원이 출석을 요구할 때 어떻게 대처하는 게 현명한 것인지 알아보겠습니다.

018 경찰이 출석을 요구할 때

경찰의 수사 방식은 크게 두 가지입니다. 첫째는 강제수사인데, 상대의 동의를 받지 않고 강제 수단을 사용하는 방식으로 체포, 구속이 대표 사례입니다. 둘째는 임의수사인데, 상대의 동의를 받아 수사하는 것입니다. 대표 사례로는 임의동행이 있습니다.

'임의동행任意同行'은 범인이라고 단정하기는 어렵지만 행동이 수상한 걸 보니 범인일지도 모른다는 생각이 들 때 그 사람을 경찰서에 잠시 데려가는 것입니다. 임의동행은 동의가 필요한 임의수사의 일종이니 같이 가고 싶지 않으면 거절해도 되고, 임의동행으로 경찰서에 갔다 하더라도 언제든 나올 수 있습니다.

경찰로부터 출석 요구를 받았을 때 가장 먼저 할 일은 어떤 사건으로 출석을 요구하는지 확인하는 겁니다. 그다음으로는 어떤 신분으로 부르는 건지 파악하는 것인데, 구체적으로는 '피의자被疑者 신분'인지 '참고인參考人 신분'인지를 알아봐야 합니다.

'피의자'는 범죄를 저지른 것으로 의심받는 사람이고, '참고인'은 범죄를 저지른 건 아니지만 범죄와 연관이 있는 사람을 말합니다. A와 B가 서로 싸움을 했는데, 싸운 장소가 C의 치킨집이라고 가정해보죠. 이때 경찰은 A와 B를 피의자로 부르지만 C는 아닙니다. 직접 범죄를 저지른 건 아니지만 그 상황을 잘 알고 있는 사람이어서 무슨 일이 있었는지, 예를 들어 두 사람 중에서 누가 먼저 때렸는지 등을 알아보려고 부를 수 있겠지요. 이때 C를 참고인 신분으로 부르는 것이죠.

피의자가 아니라 참고인이라면 마음을 좀 편하게 먹어도 됩니다. 범죄를 저질러서 처벌하려고 부르는 게 아니라 사건의 진상을 알아보려고 부르는 게 대부분이니까요. 참고인인 경우에는 반드시 출석할 필요는 없습니다. 하지만 일상생활에 큰 지장을 주지 않는다면 경찰서에 출석해 본인이 알고 있는 걸 진술하는 게 사건의 실체 파악에 큰 도움을 주니, 긍정적으로 고민해볼 필요가 있습니다.

경찰이 참고인으로 불렀다고 해서 마냥 안심할 수 없는 경우도 있습니다. 대개는 사건의 증인처럼 범죄 혐의가 없는 사람을 참고인으로 부르지만, 간혹 범죄와 상관이 있는 것 같기는 하지만 그 연결 고리가 약하거나 증거가 부족할 때 일단 참고인으로 부르는 경우도 있습니다. 이때 참고인은 피의자가 될 가능성이 높은 잠재적 피의자입니다.

강남의 유명 클럽 '아레나 사건'을 기억하시죠? 경찰은 아레나와 관련한 성매매나 조세 포탈 의혹을 수사하기 위해 아레나의 실질적 소유자로 알려진 가수 승리를 불러 조사했습니다. 당초 승리는 참고인 신분으로 조사를 받았지만, 수사가 진행되면서 범죄 혐의가 있는 것으로 의심이 들어 피의자 신분으로 다시 조사를 받았죠.

경찰이 피의자로 부른다는 건 범죄를 저지른 것으로 의심받는 상황이라는 걸 의미하므로 각별히 유의할 필요가 있습니다. 그런데 피의자는 무조건 경찰서에 출석해야 할까요? 이론적으로 따지면 '아니오'가 정답입니다. 경찰이 피의자에게 출석을 요구해 조사하는 건 상대방이 동의해야 하는 임의수사니까요.

하지만 변호사 입장에서 조언하자면 '출석하는 게 낫다'입니다. 범죄 혐의가 있어 조사하려고 출석을 요구하는데 나오지 않는다면 체포 사유에 해당하니까요. 피의자가 스스로 출석하지 않으면 경찰은 체포영장을 발부받아 피의자 체포를 시도할 가능성이 높습니다.

019   검찰이 출석을 요구할 때

경찰과 마찬가지로 검찰도 수사기관이고, 기본 수사 방식은 경찰과 크게 다르지 않습니다. 검찰이 출석을 요구할 때 문제가 되는 사건의 내용을 파악하고, 피의자인지 참고인인지 가리는 일은 역시 중요합니다. 그런데 검찰이 피의자 신분으로 부를 때는 경찰이 부를 때보다 한층 더 주의를 기울여야 합니다.

경찰은 사건이 접수되면 사건과 관련된 사람을 경찰서로 부룹니다. 별것 아닌 일이라 하더라도 누군가로부터 고소를 당하면 피의자가 되어 경찰서에 출석해 조사를 받아야 하는 겁니다.

경찰이 1차 수사를 끝내면 수사 결과를 정리해 검찰로 보내는데, 이걸 '송치送致'라고 합니다. 경찰로부터 사건 기록을 넘겨받아 검토를 했는데 피의자가 범죄와 연관이 없어 보이면 검찰은 따로 부르지 않고 바로 '혐의없음' 처분을 내립니다. 그런데 범죄를 저지른 것 같으면 그 사람을 다시 검찰로 불러 한 번 더 조사를 합니다.

그러니 검찰이 피의자로 부른다는 건 '그 사람이 범죄와 상당한 연관성이 있다고 본다'는 의미입니다. 조만간 검찰이 형사재판을 청구하는 절차인 '공소제기'를 해서 재판받을 가능성이 상당히 높다는 뜻이기도 하죠.

검찰이 출석을 요구하는데 참고인으로 부르는 게 아니라 피의자로 부르는 것이라면 변호사와 상담을 통해 사건 대응 방법을 논의하는 게 좋습니다. 무엇이든 그렇지만 수사에 대응하는 일도 첫 단추를 잘 꿰는 게 중요합니다.

검찰은 피의자에게 출석일자를 지정해주는 일이 많은데, 가급적이면 검찰이 정한 일자를 지켜야 합니다. 하지만 불가피한 사정이 있다면 출석일자를 조정하는 것도 가능합니다. 대표 사유가 변호인 선임을 위한 시간 확보입니다. 출석일자가 임박했다고 너무 조급해하지 말고 차분하게 대응하는 게 현명한 전략입니다.

020

법원이 출석을 요구할 때

검찰이 공소를 제기하면 수사 단계는 마무리되고 본격적인 재판 단계가 시작됩니다. 수사 단계에서 범죄를 저지른 것으로 의심받는 사람을 '피의자'라고 부르는데, 그 사람이 기소되어 형사재판을 받게 되면 호칭이 '피고인被告人'으로 바뀝니다.

재판 날짜가 정해지면 법원은 피고인에게 시간과 장소를 알려주고 출석을 요구합니다. 출석 통보를 받으면 피고인은 법정에 나가야 합니다. 피고인의 출석은 선택 사항이 아니라 의무 사항입니다.

수사 단계에 참고인이 있는 것처럼 재판 단계에는 '증인'이 있습니다. 법원은 사건의 목격자, 범죄 피해자 등을 불러 사건에 관한 사항을 자세히 물어볼 수 있습니다. 법원이 증인으로 소환하는 건 그 사람이 사건과 어느 정도 연관이 있다고 판단했기 때문입니다. 증인은 피고인과 달라 강력한 출석 의무가 있는 건 아니지만, 장기간 치료해야 하는 질병이 있거나 해외에 체류하는 것 같은 증인으로 나가지 못할 특별한 사정이 있지 않는 한 출석하는 게 바람직합니다. 증인이 정당한 사유 없이 출석하지 않으면 500만 원 이하의 과태료를 부과할 수 있기 때문입니다.

드라마나 영화에서 증인선서 장면을 자주 볼 수 있는데, 실제로 증인은 "양심에 따라 숨김과 보탬이 없이 사실 그대로 말하고

만일 거짓말을 하면 위증의 벌을 받기로 맹세합니다"라고 선서를 합니다. 선서한 뒤에 거짓말을 하면 위증죄로 처벌되니 반드시 자신이 알고 있는 진실한 사실만 말해야 합니다.

• 핵심만 정리 •

1. 경찰이나 검찰의 출석 요구를 받으면 일단 무슨 사건인지를 파악하고 피의자인지 참고인인지 확인해야 합니다. 경찰이나 검찰이 출석을 요구했는데 특별한 이유 없이 출석하지 않으면 체포될 수 있으므로 가급적 출석하는 게 좋습니다.
2. 검찰이 피의자로 부를 때는 범죄 혐의가 상당히 있고 재판받을 가능성이 높다는 의미이니 변호사와 상담을 통해 대응하기를 권합니다.
3. 피고인은 반드시 법정에 출석할 의무가 있으며, 증인선서를 한 증인은 진실만을 말해야 합니다.

자칫 교통사고로 범죄자가 될 수도 있다

자동차 없는 세상은 이제 상상하기 어렵습니다. 국토교통부 통계에 따르면 2019년 6월 말 기준으로 우리나라의 자동차 누적 등록대수는 2344만 4165대로 인구 2.2명당 자동차 한 대를 보유하고 있는 것으로 나타났습니다. 이처럼 자동차가 일반화되다 보니 교통사고도 빈발합니다.

도로교통공단이 집계한 2018년 교통사고 건수는 122만 8129 건에 달합니다. 운전자가 스스로 조심하는 것도 중요하지만 내가 잘못하지 않아도 상대방 잘못으로 사고가 발생할 수 있으니, 교통사고가 발생했을 때 어떻게 대응해야 하는지 잘 알아두는 게 꼭 필요합니다.

021

언제, 어디서든
일어나는 교통사고

교통사고가 일어나면 머리가 하얘질 수밖에 없습니다. 하지만 그럴 때일수록 침착함을 유지해야 합니다. 교통사고가 발생했을 때 가장 먼저 해야 할 일은 사람의 안전을 챙기는 일과 위험을 방지하는 조치를 취하는 겁니다. 우선 본인과 동승자, 상대 운전자와 동승자가 괜찮은지 확인하고, 만약 이상이 있다면 즉시 119에 신고해야 합니다.

2차 사고가 발생하지 않도록 위험방지조치를 취하는 것도 필요합니다. 일단 자동차를 세운 뒤 사고가 발생했다는 것을 알려야 합니다. 비상등을 켜고 삼각대를 설치하는 게 바람직하지만, 삼각대가 없으면 트렁크를 열어두는 것도 하나의 방법입니다.

사고 원인이나 과실 비율을 따져야 하니 사고 현장도 보존해야 합니다. 경미한 접촉 사고이고 사고 장소가 교통이 매우 혼잡한 곳이라면 일단 자동차를 다른 곳으로 옮긴 뒤 시시비비를 따지는 게 낫습니다. 만약 그렇지 않다면 자동차를 일단 사고 발생 장소에 그대로 두고 보험회사 직원이나 경찰이 올 때까지 기다리는 게 좋습니다.

요즘에는 차량 블랙박스 설치가 일반화되어서 사고 원인과 과실 비율을 따지는 데 중요한 도움을 줍니다. 블랙박스 영상을 통해 다양한 사고를 분석해 과실 비율을 알려주는 텔레비전 프로그램까지 있을 정도죠. 하지만 블랙박스를 실수로 켜두지 않은 경우도 있고, 블랙박스만으로 과실 비율을 따지기 어려운 상황도 있으니 사고 현장을 촬영해두는 걸 권합니다. 자동차 파손 부위를 찍는 건 기본이고, 약 20미터 정도 떨어진 곳에서 전체적인 사고 현장을 찍어둘 필요도 있습니다. 이때 무리하게 촬영하느라 추가 사고가 발생하지 않도록 유의해야 합니다. 또 자동차의 바퀴 모양은 사고가 어떻게 발생했는지 보여주는 중요한 단서가 되니 바퀴 모양도 찍어두어야 합니다. 그리고 사고를 목격한 사람의 연락처를 받아두면 나중에 요긴하게 활용할 수 있습니다.

상대방이 자기 잘못을 인정하는 경우에는 그 진술을 녹음해두는 것도 좋은 방법입니다. 상대 동의를 받고 녹음할 수도 있겠지만, 그냥 녹음해도 됩니다. 녹음한다는 사실을 미리 알려주면 발언하지 않을 수 있으니까요. 우리나라 법은 대화하는 사람이 상대 동의를 받지 않고 녹음해도 문제가 되지 않는다고 보고 있습니다.

022 교통사고로 처벌받지 않으려면

실수로 다른 사람을 다치게 하면 '과실치상죄過失致傷罪'가 되고, 다른 사람의 물건을 망가뜨리면 '재물손괴죄財物損壞罪'에 해당합니다. 엄밀하게 따지면 교통사고로 다른 사람을 다치게 하거나 자동차를 망가뜨리는 것 역시 형법상 과실치상죄나 재물손괴죄에 해당할 수 있는 것이죠. 하지만 이렇게 법을 엄격하게 적용하면 국민 상당수가 전과자가 될 위험이 있습니다. 이런 문제를 예방하기 위한 게 '교통사고처리특례법'입니다. 사고를 냈더라도 자동차보험에 가입되어 있다면 처벌을 받지 않죠. 하지만 보험에 가입했다고 해서 모든 문제에서 자유로운 건 아닙니다.

중대한 잘못을 저지르면 보험에 가입했더라도 처벌받는다는 사실을 기억해야 합니다.[11] 구체적 예로는 다음 12가지 사항이 있으니(원래 11개였는데 2016년 법이 개정되어 화물고정조치 위반이 추가되었습니다), 이러한 위반행위가 일어나지 않도록 각별히 유의하길 바랍니다.

① 신호위반

② 중앙선 침범

③ 제한속도 위반(20km/h 초과)

④ 앞지르기나 끼어들기 금지 위반

⑤ 철길건널목 통과 방법 위반

⑥ 횡단보도에서 보행자 보호의무 위반

⑦ 무면허 또는 면허 정지 기간 중 운전

⑧ 음주운전

⑨ 보도(인도) 침범

⑩ 승객 추락 방지의무 위반

⑪ 어린이보호구역 운전의무 위반

⑫ 화물고정조치 위반

교통사고가 발생하면 우선 경찰에 신고하는 게 원칙입니다. 사고가 일어난 곳, 사상자 수와 부상 정도, 망가진 물건 및 망가진 정도 등을 경찰에 정확히 알려야 합니다. 교통사고 신고는 법적 의무이므로, 신고하지 않으면 처벌(30만 원 이하의 벌금이나 구류)받을 수 있습니다. 물론 예외는 있습니다. 경미한 사고로 사람은 다치지 않고 차만 망가졌거나 위험 방지 혹은 도로의 원활한 소통을 위해 필요한 조치를 다 했다면 경찰에 신고하지 않아도 됩니다.

023 뺑소니가 되지 않으려면 이렇게 행동해야

사고 뒤에 해야 할 처리를 제대로 하지 않으면 범법자가 될 수도 있습니다. 다친 사람이 있으면 그 사람을 구호해야 하고, 다친 사람이 없더라도 차량을 파손시켰으면 피해자에게 인적 사항(성명, 전화번호, 주소 등)을 알려줘야 합니다. 사고를 내고 그냥 가버리면 '사고후미조치죄'로 5년 이하의 징역이나 1500만 원 이하의 벌금에 처해집니다.[12]

실제 사례를 볼까요? A는 왕복 4차로 도로에 속도를 줄이지 않고 그대로 진입하다가 다른 차량을 들이받았는데, 피해 차량이 크게 망가지지 않았고 차량 파편이 도로에 떨어지지도 않았습니다. 피해 차량 운전자는 A에게 내리라고 했지만 별일 아니라고 생각한 A는 내리지 않은 채 미안하다는 손짓만 하고 현장을 떠났다가 유죄 판결을 받았습니다.[13]

사람이 다쳤을 때는 특히 더 주의해야 합니다. 사고를 내고 사람을 다치게 한 뒤 도주하는, 이른바 뺑소니는 매우 중대한 범죄라서 '특정범죄가중처벌등에관한법률'에 따라 더욱 엄한 처벌을 받습니다. 피해자가 다치면 1년 이상의 유기징역이고('최소' 1년이라는 점에 유의해야 합니다), 피해자가 사망하면 무기징역 또는 5년 이상의 징역입니다.

뺑소니가 되지 않으려면 피해자를 구호하고 사고 낸 사람이 누구인지 명확하게 알려야 합니다. 이 가운데 하나라도 하지 않으면 뺑소니로 처벌될 수 있습니다. 아무리 바쁘더라도 사람이 다쳤다면 경찰과 119가 올 때까지 기다렸다가 현장을 이탈해야 합니다. 실제로 사고를 낸 뒤 피해자의 동승자에게 명함을 주고 경찰이 오기 전 현장을 떠난 사람이 뺑소니로 처벌된 사례가 있습니다.[14]

만약 피해자가 어린아이라면 더욱 유의해야 합니다. 아이가 다쳤으면 아이 부모의 연락처를 알아낸 뒤 부모에게 사고 사실을 알려야 합니다. 아이의 판단력은 부족한 편이니 아이가 괜찮

다고 말하더라도 아이 말만 곧이곧대로 믿어서는 안 됩니다. 반
드시 부모와 이야기를 해야 합니다. 아이 말만 믿고 그냥 갔다가
는 범법자가 될 수도 있습니다.

• 핵심만 정리 •

1. 교통사고가 발생하면 사람의 안전을 챙기는 일과 위험을 방
지하는 조치를 가장 먼저 해야 합니다. 또 사고 발생 원인과
과실 비율을 따지기 위해 현장을 보존하고, 사진 촬영을 해
둘 필요가 있습니다.
2. 일반적으로 자동차보험에 가입되어 있으면 처벌받지 않지만,
신호위반이나 음주운전 등의 위반 행위를 한 경우에는 처벌
받으니 조심해야 합니다. 또 뺑소니로 엄한 처벌을 받지 않
으려면 함부로 현장을 이탈하지 않아야 하고, 교통사고로 다
친 사람이 있으면 반드시 구호해야 합니다.

합의를 잘해야
교도소를
면한다

어쩌다 보니 범죄를 저지르게 되었다면 어떻게 해야 할까요? 그런 일을 한 적이 없다고 잡아떼야 할까요? 쉽지 않은 일입니다. 세상에 온전한 비밀은 없고, 범죄는 흔적을 남기기 마련이니까요. 대표적 미제 사건이었던 화성 연쇄 살인사건의 유력한 용의자가 끝내 밝혀진 것에서 알 수 있듯 과학기술이 발달하면서 완전 범죄의 가능성은 점점 줄어들고 있습니다.

잘못을 저질렀다면 그것을 인정하고 용서를 구해야겠지요. 불리한 상황에 처하면 일단 부인하고 보는 게 인지상정이라 잘못을 시인하는 게 쉽지 않을 수 있습니다. 하지만 꼼수보다 정공법이 더 효과적인 경우가 많습니다. 특히 형사 사건에서 더욱 그렇습니다.

024

합의가 무척
중요한 이유

범죄에 연루되어 경찰이나 검찰에서 조사나 재판을 받게 되었을 때 가장 먼저 받는 질문이 "범죄 혐의를 인정하는지?"입니다. 어떤 방식으로 대응할지는 각자의 몫이지만, 범죄를 인정하는 쪽을 선택했다면 이제 피해자와 합의를 고민해봐야 합니다. 형사 사건에서 '합의'는 가해자와 피해자가 상호 협의해 원만하게 문제를 해결하는 방법의 하나로, 대체로 가해자가 피해자에게 일정한 돈을 지급하면서 가해자의 책임을 묻지 않도록 약속하는 것을 말합니다. 합의를 잘하면 처벌받지 않을 수도 있습니다. 반의사불벌죄나 친고죄가 그런 경우입니다.

'반의사불벌죄反意思不罰罪'는 피해자의 '의사'에 '반'해서 처벌하지 않는 범죄를 말하는데, 쉽게 말해 피해자가 처벌해달라고 하면 처벌하고, 처벌하지 말아달라고 하면 처벌하지 않는 겁니다. 대표적인 반의사불벌죄로는 폭행죄가 있죠. 다른 사람을 때렸더라도 맞은 사람이 "가해자의 죄를 묻지 않고 그냥 넘어가겠다"라고 한다면 폭행죄로 처벌받지 않습니다.

반의사불벌죄와 비슷한 개념으로는 '친고죄親告罪'가 있습니다. 친고죄는 피해자가 고소해야 공소를 제기할 수 있는 범죄로, 대표적으로는 모욕죄가 해당합니다.

피해자가 원하지 않으면 가해자가 처벌받지 않는다는 점에서 반의사불벌죄와 친고죄는 비슷합니다. 하지만 친고죄는 피해자의 고소가 없으면 아예 수사를 할 수 없지만, 반의사불벌죄는 피해자의 고소가 없더라도 일단 수사를 할 수 있다는 점에서 약간의 차이가 있습니다.

법이 반의사불벌죄와 친고죄를 인정하는 이유는 형사 처벌을 자제하기 위해서입니다. 비교적 경미한 범죄가 발생한 상황에서 피해자와 가해자가 서로 원만하게 해결한 일에 굳이 법적 잣대를 들이밀 필요까지는 없기 때문이죠. 그런데 이렇게 피해자의 의사에 따라 처벌 여부가 달라지면 문제가 생기기도 합니다.

영화 〈도가니〉는 청각장애인학교에서 일어난 성폭력과 학대를 다룬 작품입니다. 피해 학생의 증언으로 학교장의 성범죄 사실이 밝혀지지만 정작 처벌을 받지 않지요. 그건 피해자 가족이 학교장과 합의했기 때문입니다. 그 장면을 보고 불합리하고 말도 안 되는 일이 어디 있느냐고 분개했던 기억이 지금도 생생합니다. 이것만 보면 합의를 이유로 처벌하지 않는 게 가해자에게 일방적으로 유리한 것처럼 보이지만, 다른 측면도 있습니다.

일반적으로는 반의사불벌죄나 친고죄에서는 피해자가 더 우위에 섭니다. 왜냐하면 피해자가 어떤 태도를 보이느냐에 따라 가해자가 처벌받을 수도 있고 그렇지 않을 수도 있으니까요. 칼자루는 피해자가 쥐고 있는 셈입니다. 자연스럽게 피해자의 발언권이 높아질 수밖에 없죠. 합의해야 처벌을 면할 수 있기에 가해자는 피해자와 합의하기 위해 절박해집니다. 피해자의 요구사항이 다소 과하더라도 들어줄 가능성이 높은 겁니다.

그런데 사실 범죄 대부분은 반의사불벌죄나 친고죄가 아닙니다. 달리 말해 피해자와 합의한다고 해서 반드시 처벌받지 않는게 아니지요. 다른 사람의 물건을 훔쳤다면, 물건 주인이 용서한다 해도 절도죄로 처벌받습니다. 그렇다면 일반적인 범죄의 경우 합의할 필요가 없을까요? 그렇지는 않습니다. 반의사불벌죄나 친고죄가 아닌 일반 범죄라 하더라도 피해자와 합의하는 게 중요합니다. 유무죄 못지않게 중요한 것이 만약 유죄일 경우 어떤 형벌을 받느냐입니다. 똑같은 유죄라도 벌금 500만 원을 내는 것과 징역 1년형을 받는 건 굉장히 큰 차이가 있으니까요.

형벌의 종류와 정도를 '양형量衡'이라고 하는데, 법원이 양형을 정할 때 피해자와 합의했는지 여부가 중요 고려 사항이 됩니다. 법원은 양형 결정을 할 때 피해자의 피해가 얼마나 회복되었는지를 매우 중요하게 생각하는데, 합의를 했다면 일정한 피해 보상을 받은 것이므로 그렇지 않은 경우에 비해 더 약한 처벌을 내립니다.

025

합의금으로
얼마를 주어야 할까?

'합의'를 아주 단순하게 표현하면 가해자가 피해자에게 돈을 주고, 피해자가 가해자를 용서하는 과정이라 할 수 있습니다. 그러니 합의금이 중요한 역할을 할 수밖에 없습니다. 그러면 합의금을 얼마로 정해야 하는 걸까요?

짐작하다시피 합의금을 정하는 공식 같은 건 없습니다. 사건의 종류, 피해의 정도, 가해자의 경제적 상황, 가해자와 피해자의 합의 의지 같은 각각의 상황에 맞게 합의금 액수가 정해집니다. 그 사건으로 피해자의 피해가 심각할수록, 가해자의 경제적 능력이 충분할수록 합의금 액수가 높아지는 것이 일반적이죠. 또 가해자가 합의해야 할 필요성에 따라 합의금 액수가 많이 달라집니다. 예를 들어, 품위를 유지해야 할 의무를 지고 있는 공무원은 범죄에 연루되면 자칫 직업을 잃을 수도 있기 때문에 합의하려는 욕구가 무척 강합니다. 이런 경우 합의금 액수가 훌쩍 높아지지요.

이렇듯 합의금은 상황에 따라, 사건에 따라 천차만별입니다. 하지만 일반적으로 신체 상해를 입힌 경우 치료 기간 일주일당 대략 50만 원 정도로 계산하니, 참고삼아 알아두면 좋을 것 같습니다. 당연히 피해자는 최대한 많은 합의금을 받으려 하고, 가해자는 가급적 적은 액수를 지급하려 하겠지요. 둘 사이의 간극이 좀처럼 좁혀지지 않는 상황을 자주 봅니다. 이럴 때 만약 변호사가 선임되어 있다면 변호사끼리 협의를 거쳐 의견을 조율하는 것도 좋습니다. 아무래도 같은 법조계에 있다 보니 실무 관행에 따라 합의금을 적정한 수준으로 수렴시킬 가능성이 높기 때문이죠.

026

합의금이 정해졌다면 이제 본격적으로 합의서를 써야 할 차
례입니다.

합의서 양식이 특별히 정해진 건 아니지만, 일반적인 합의서
는 크게 ①합의하는 사람(가해자와 피해자)의 인적사항, ②합의
내용, ③첨부서류로 구성됩니다. 하나씩 알아볼까요?

인적사항에는 피해자와 가해자의 성명, 주소, 연락처 등을 기
재합니다. 예전에는 주민등록번호를 적었는데 요즘엔 개인정보
유출 문제가 있어 적지 않을 때도 많습니다.

합의서의 핵심은 합의 내용을 제대로 정하는 것입니다. 범죄
발생 일시, 발생 장소, 사건 내용이 무엇인지 구체적으로 적고
"피해자는 가해자로부터 치료비 및 위자료 등으로 ○○○원을
받았고 가해자의 처벌을 원하지 않으며 이후 이 사건과 관련해
민·형사상의 이의를 제기치 않겠습니다"라는 문구를 기재하는
게 일반적입니다.

합의서에 첨부되는 서류는 합의에 대한 피해자의 의사가 진
정하다는 사실을 확인하기 위한 것입니다. 피해자의 인감증명서
를 첨부하는 게 가장 확실한 방법인데, 인감증명서는 굉장히 중
요한 서류라 첨부를 꺼리는 사람도 많습니다. 이럴 때는 피해자
신분증 사본으로 인감증명서를 대신하기도 합니다.

합의서는 총 세 부 정도를 작성한 뒤 한 부는 수사기관이나 법원에 제출하고, 나머지 두 부는 가해자와 피해자가 각각 나눠 가지면 됩니다.

한편, 피해자와 합의서를 작성하려면 피해자 연락처를 알아야하는데, 그걸 알기 어려운 때도 있습니다. 설령 연락처를 알더라도 무턱대고 연락하는 게 능사는 아닙니다. 특히 성범죄 가해자가 피해자에게 직접 연락한다면 피해자는 극심한 공포와 불쾌감을 느낄 가능성이 높죠.

이때에는 수사기관이나 법원의 도움을 받는 게 바람직합니다. 피해자와 합의하기 위해 연락처를 알고 싶다고 이야기하면 수사기관이나 법원이 피해자에게 연락해 상황을 설명한 뒤 가해자에게 연락처를 알려주어도 되는지 묻습니다. 피해자가 동의한다면 가해자에게 알려주게 됩니다.

027 합의할 때 유의해야 할 사항

예전에 폭발적 인기를 끌었던 드라마 〈가을동화〉를 기억하는분이 있을 겁니다. 이 드라마에서 가장 유명하고 이후 숱한 패러디를 낳은 대사는 원빈의 "사랑? 웃기지 마. 이젠 돈으로 사겠어. 돈으로 사면 될 거 아냐. 얼마면 될까. 얼마면 되겠냐?"입니다. 옛 드라마 이야기를 꺼낸 건 사랑을 돈으로 살 수 없는 것과 마

합 의 서

가 해 자 ○ ○ ○
    ○○시 ○○구 ○○길 ○○
    (111111 - 1111111)
피 해 자 ○ ○ ○
    ○○시 ○○구 ○○길 ○○
    (111111 - 1111111)

가해자와 피해자 간의 ○○○○○○ 사건에 관하여 아래와 같이 원만히 합의합니다.

아 래

1. 사건 개요
가해자는 ○○년 ○○월 ○○일경, 피해자에게…
(내용 기재)

2. 합의 내용
피해자는 가해자로부터 치료비 및 위자료 등으로 ○○○원을 받았고 가해자의 처벌을 원하지 않으며 이후 이 사건과 관련하여 민·형사상의 이의를 제기치 않겠습니다.

※ 첨부서류: 피해자의 인감증명서(또는 신분증 사본)

○○년 ○월 ○일

가 해 자 ○ ○ ○ (인)

피 해 자 ○ ○ ○ (인)

찬가지로 합의도 돈으로 살 수 있는 게 아니라는 걸 강조하기 위해서입니다. 합의할 때 합의금이 핵심 역할을 하는 건 사실이지만 그것이 전부는 아닙니다.

합의 과정에서 선행되어야 할 것은 가해자의 진지한 반성입니다. 피해자가 신체적·정신적 피해를 크게 입었기 때문에 먼저 그 마음을 세심하게 살피는 게 중요합니다. 범죄 사실을 언급할 때는 피해자의 마음에 상처가 나지 않도록 주의를 기울여야 하고요. 특히 피해자에게도 잘못이 있다는 식의 말을 건네서는 안 됩니다.

"얼마 줄 테니 없던 일로 하자"라는 식으로 접근하기보다는 가해자가 반성하고 있으며 피해자의 아픔을 보듬고 싶어 한다는 식으로 다가가야 원만하게 합의를 이끌어낼 수 있습니다. 굉장히 상식적인 내용이지만 실무를 하다 보면 의외로 간과하는 분이 많아 안타까울 때가 있습니다.

가해자가 아무리 노력해도 피해자가 끝까지 거부하면 합의는 불가능합니다. 피해자가 합의하는 데에는 동의하지만 합의금을 지나치게 높게 요구하는 경우도 있습니다. 피해자가 합의를 완강하게 거부하거나 지나치게 높은 합의금을 요구할 때는 '공탁供託'을 고민해보는 게 좋습니다.

공탁은 쉽게 말해 채무자(가해자)가 일정한 돈을 제3자(주로 법원)에게 맡겨두고 채권자(피해자)가 찾아갈 수 있게끔 한 제도입니다. 공탁을 하려면 피해자의 주소지를 관할하는 법원에 공탁서를 제출하면 됩니다. 물론 공탁은 가해자가 일방적으로 하는 것이라 합의보다는 효과가 약하지만, 공탁을 하지 않는 것보다는 유리한 결과를 이끌어냅니다.

• 핵심만 정리 •

1. 범죄를 인정할 때는 합의를 고민해봐야 하는데, 반의사불벌죄나 친고죄의 경우 피해자와 합의하면 처벌을 받지 않습니다. 반의사불벌죄나 친고죄가 아닌 일반 범죄에서도 합의를 하면 형량이 낮아지므로 합의는 굉장히 중요합니다.

2. 합의금은 특별히 정해진 액수가 없고, 사건의 종류, 피해의 정도, 가해자의 경제적 상황, 가해자와 피해자의 합의 의지 등을 고려해 피해자와 가해자의 협의로 결정됩니다.

3. 합의서에는 인적사항과 사건 내용을 간단히 적고 "처벌을 원하지 않고, 향후 민·형사상 조치를 취하지 않는다"라는 문구를 기재합니다. 합의할 때는 범죄행위를 반성하고 피해자의 마음을 다독이는 노력이 선행되어야 하며, 노력했음에도 합의가 되지 않을 때는 공탁을 고민해볼 필요가 있습니다.

이런 것도
범죄다

조직폭력배가 주인공으로 나오는 영화에 자주 등장하는 장면이 있습니다. 새롭게 세력을 확장하려는 조폭 집단이 이미 자리를 잡은 다른 집단의 이권을 잠식해나가면 두 집단 사이에 피 튀기는 혈투가 벌어집니다. 그리고 행동대장들이 이른바 '무기'를 들고 온몸으로 싸우는 동안 두목은 조용하고 한적한 곳에서 여유를 즐기곤 하죠.

범죄를 실행에 옮긴 행동대장들이 처벌받는 건 당연합니다. 그러면 명령을 내린 두목은 어떨까요? 당연히 두목도 처벌을 받습니다. 직접적인 실행행위에는 가담하지 않았더라도 직간접적으로 범죄에 관여했다면 법의 심판을 받아야 합니다.

'공범共犯'은 두 사람 이상이 함께 범죄를 저지르는 걸 말합니다. 법률적으로는 '공동정범共同正犯'이 더 정확한 표현이고요. 여기서는 편의상 '공범'으로 부르겠습니다. 형법은 책임주의 원칙을 채택하고 있습니다. 본인이 저지른 행위에 대해서만 책임을 지면 되는 것이죠. 하지만 공범이 되는 경우에는 본인이 직접적으로 실행한 행동보다 더 큰 책임을 져야 합니다. 공범이 되려면 두 가지 요소가 필요합니다. 첫째는 함께 범죄를 저지르려는 의사이고, 둘째는 실제 범행을 같이 하는 것입니다. 그런데 같이 실행한다는 것의 범위가 생각보다 넓습니다. 강도죄를 예로 들어보겠습니다. 강도죄는 폭행 또는 협박을 해서 다른 사람의 재물을 강제로 가져오는 것인데, 강도죄를 저지르면 3년 이상의 유기징역에 처해집니다.

A와 B가 C를 상대로 강도를 하는데, A는 C의 집 밖에서 망을 보고 B가 C의 집으로 들어가 C를 폭행한 뒤 C의 재물을 훔쳤습니다. 이 경우 두 사람은 함께 강도죄로 처벌받습니다. A는 "나는 직접 강도를 저지른 게 아니고, 단지 망을 보았을 뿐이다"라고 주장할지 모르지만, 이는 법리적으로 타당하지 않습니다.

A가 직접 폭행을 하거나 물건을 훔친 건 아니지만 B가 강도 행위를 할 수 있었던 건 A가 망을 봐주었기 때문입니다. 곧 강도

라는 범죄에서 두 사람은 하나의 몸처럼 행동했으니 같이 책임을 져야 합니다. 비유하자면 공범은 '한 몸'으로 보는 겁니다. 물건 훔치는 행위를 손이 했다고 해서 손만 따로 처벌하지 않고 그 손을 가진 사람을 처벌하는 것과 같은 이치입니다.

공범이 주로 문제가 되는 범죄로는 보이스피싱이 있습니다. 보이스피싱의 특징은 범죄가 여러 단계로 나뉘어 있고 관여되는 사람이 다수라는 점입니다. 관여자를 대략 분류해보면 어떤 식으로 범죄를 벌일지 기획하는 사람(기획자), 전화나 문자로 속이는 사람(실행자), 심부름이나 후속 조치를 담당하는 사람(심부름꾼)으로 나눌 수 있습니다. 이때 기획자와 실행자는 보이스피싱 범죄라는 걸 잘 알고 있으므로 사기죄로 처벌하는 데에 무리가 없습니다. 문제는 심부름꾼입니다. 이들은 통장을 빌려주거나 입출금 업무를 대행해주는 역할을 합니다. 보이스피싱 범죄 단체는 취업이나 부업을 미끼로 심부름꾼을 모집하기도 하니, 이들 중에는 자기 행동이 보이스피싱과 관련되어 있다는 걸 모르는 이도 많습니다. 하지만 법원은 보이스피싱 범죄에서 공범의 범위를 넓게 인정합니다. 단순히 돈을 전달하는 일에 도움을 준 경우에도 불법적인 일이 벌어지고 있다는 걸 알았거나 정확히 알지 못해도 짐작할 수 있었던 때에는 공범으로 처벌합니다.

자기도 모르는 사이 공범이 되는 걸 예방하려면, 의심스러운 일에는 아예 눈길을 주지 않는 게 최선입니다. 하는 일은 별로 없거나 매우 단순한데 이상하게 돈을 많이 주는 일이 있다면 불법적인 일은 아닌지 의심해봐야 합니다. 실수로 범죄에 연루되었다면 최대한 빨리 발을 빼는 게 차선입니다. 판례는 공모관계에서 벗어난 경우 공범으로서의 책임을 지우지 않기 때문입니다.[15]

029 범죄를 사주한 자에 대한 강력한 처벌

본인이 직접 범죄를 저지를 수도 있지만, 다른 사람을 이용해 범죄를 저지르기도 합니다. 이렇게 다른 사람에게 범죄행위를 시키는 걸 '교사教唆'라고 합니다. 여기서 중요한 점은 범죄를 교사한 사람과 죄를 실행한 사람을 동일한 형벌로 처벌한다는 사실입니다.[16] 예전에 살인을 교사한 서울시의원 김씨 사건이 화제가 된 적이 있습니다. 그는 재력가 송씨로부터 부동산 용도변경을 위한 로비자금 명목으로 수억 원을 챙겼는데, 일처리가 지연되자 송씨로부터 항의를 받았습니다. 그 뒤에도 달라지는 게 없자 참다못한 송씨는 금품수수를 폭로하겠다고 압박했죠. 이에 김씨는 자기 친구에게 송씨의 살인을 교사했습니다. 결국 재력가 송씨는 사망했습니다. 법원은 살인 교사 혐의로 김씨에게 무기징역형을 선고했습니다.[17]

곧 직접 실행하지 않았더라도 다른 사람이 그 일을 하게 만든 경우 실제 실행한 것과 동일한 처벌이 가해진다는 점을 유의해야 합니다. 또 교사 수단에는 제한이 없다는 점도 중요합니다. 다른 사람이 범죄를 결심하도록 영향을 주는 것도 '교사'가 됩니다. 오래전 판례지만, 어떤 경우에 교사가 되는지 알기 위해 실제 있었던 사례를 살펴보겠습니다.

D는 훔친 물건을 전문적으로 처리하는 장물아비입니다. D와 자주 거래하는 사람으로 E와 F가 있었는데, E가 구속되어 F만 남게 되었습니다. D는 F에게 일제 드라이버 한 개를 주면서 "E가 구속되어 도망다니려면 돈이 필요할 텐데 열심히 일하라"라고 말했습니다. 이 사건에서 법원은 D가 절도죄를 교사했다고 판단했습니다.[18] D가 대놓고 "도둑질하라"고 말하지도 않았고 구체적 범행을 지시한 것도 아니지만, 두 사람의 관계(장물아비와 절도범)와 드라이버를 전달한 점을 고려했을 때 절도를 부추긴 것으로 볼 수 있다고 결론 내린 겁니다.

교사와 관련한 증거인멸죄도 유의해서 봐야 합니다. 형사사건에 관한 증거를 인멸(은닉, 위조 또는 변조)하면 5년 이하의 징역 또는 700만 원 이하의 벌금에 처해집니다.[19] 그런데 본인 사건에 관한 증거를 인멸하면 증거인멸죄가 성립하지 않습니다. 범죄를 저지른 사람은 형사소송에서 방어권을 가지는데, 증거인멸죄로 처벌하면 방어권을 제한하게 되기 때문이죠.

한편, 본인 사건에 관한 증거라 하더라도 본인이 직접 없애는 게 아니라 다른 사람을 통해 그 증거를 없앤 경우에는 범죄가 됩니다. 원래의 범죄에 더해 증거인멸교사죄가 추가되어 처벌받는 것이죠.[20] 다른 사람을 시키면 증거인멸교사죄가 되니 직접 증기

를 없애면 된다고 생각할 수도 있지만 결과적으로 더 큰 문제를 불러옵니다. 증거인멸죄로 처벌받지는 않을 수 있겠지만, 증거인멸은 대표적인 구속 사유거든요.

030 ── 범죄를 방조하는 것도 범죄

공범과 교사범은 어떤 식으로든 범죄에 적극 가담해 처벌받은 사람들입니다. 하지만 직간접적으로 범죄에 가담하지는 않았지만 범죄를 돕는 경우에도 처벌될 수 있습니다. 이런 걸 '방조범幇助犯'이라고 합니다. 방조범을 처벌하는 이유는 직접 실행에 참여하지는 않았더라도 범죄가 일어나기 쉬운 환경을 만들어서 범죄 발생에 기여했다고 봐서입니다. 하지만 교사범이 범죄 의사가 없는 사람을 부추기는 적극성을 가졌다면, 방조범은 범죄가 일어나는 걸 돕는 역할이므로 교사범보다 불법의 정도가 약하다고 볼 수 있습니다. 그래서 방조범은 범죄를 실행하는 사람보다 약한 처벌을 받습니다.[21]

그렇다면 어떻게 하면 방조가 될까요? 법률적으로 방조는 범죄를 실행하는 사람의 범죄 행각을 쉽게 만드는 모든 행위를 의미합니다. 실제로 법원은 강도를 하려는 자에게 휴대전화를 빌려준 행위,[22] 회사 재산을 횡령하려는 대표에게 사채업자를 소개시켜준 행위[23]를 방조 행위로 인정했으니, 방조의 범위는 꽤 넓은 편입니다. 일상에서 이런 방조로 처벌될 가능성이 높은 행위로는 음주운전이 있습니다. 음주운전은 자신만이 아니라 아무 잘못도 없는 다른 사람에게 치명적 피해를 끼칠 수 있는 중대 범죄이니 절대 해서는 안 됩니다. 여기서 음주운전자만이 아니라 그 차에 함께 탄 사람도 처벌받을 수 있다는 걸 기억해야 합니다. 음주운전을 방조한 것으로 볼 수 있기 때문이죠.

> **· 핵심만 정리 ·**
>
> 1. 공범은 여러 사람이 함께 범죄를 저지르는 것인데, 직접적인 행위에 가담하지 않았더라도 범죄를 실행한 자와 한 몸처럼 취급하므로 직접 실행하지 않은 범위까지 책임져야 합니다.
> 2. 교사범은 다른 사람에게 범죄를 시키는 것인데, 직접 실행한 사람과 교사한 사람이 동일한 처벌을 받습니다.
> 3. 방조는 범죄를 돕는 행위로 처벌 대상입니다. 특히 음주운전을 막지 않으면 방조범이 될 수 있다는 점을 기억해야 합니다.

3장

〈범죄와의 전쟁〉과
형사 절차
(피해자 편)

- 범죄 피해를 당했을 때 -
- 사기범죄 이렇게 대처하자 -
- 폭행에는 어떻게 대처해야 할까? -
- 나의 명예를 지키는 방법 -
- 있어서는 안 되는 범죄, 성범죄 -

• • •

부산 세관에서 일하는 최익현(최민식)은 뒷돈 받아 챙기는 게 취미이자 특기입니다. 비리 공무원의 전형으로 살아가던 그는 범죄 조직에 발을 들이고, 최형배(하정우)와 손을 잡습니다. 일반적인 건달과 달리 최익현은 힘도 약하고 싸움도 못합니다. 하지만 그에게는 인맥이라는 든든한 지원군이 있습니다. 최익현의 인맥과 최형배의 주먹이 결합하면서 두 건달은 부산에서 승승장구하죠. 하지만 1990년 정부가 '범죄와의 전쟁'을 선포하면서 조직은 와해되기 시작합니다.

"느그 서장 남천동 살제? 내가 인마, 느그 서장이랑 인마, 어저께도, 으! 같이 밥묵고, 으! 싸우나도 같이가고, 으! 마, 다했으"라는 최익현의 대사는 많은 연예인이 개인기를 보여줄 때 자주 사용하는 부분입니다. 또 이 대사는 경찰서에 잡혀간 범인이 적반하장격으로 경찰들을 꾸짖는 모순적 상황을 잘 보여줍니다.

영화 〈범죄와의 전쟁〉의 부제는 "나쁜놈들 전성시대"입니다. 나쁜 짓을 하면 그에 상응하는 벌을 받아야 하는데, 현실이 꼭 그렇지만은 않습니다. 범죄 피해를 당했을 때 경찰이나 검찰이 알아서 정의를 실현해주면 좋겠지만 미진한 경우도 적지 않습니다. 피해자가 가만히 있지 말고 직접 나서서 챙겨야 하는 이유입니다.

• • •

범죄 피해를
당했을 때

교통신호를 준수하고 규정 속도를 지키며 방어운전을 하면 교통사고 발생 가능성을 낮출 수 있습니다. 하지만 그 가능성을 아예 없앨 수는 없습니다. 나는 가만히 있는데 다른 사람이 교통사고를 일으킬 수 있기 때문이죠. 범죄 피해도 교통사고와 비슷한 면이 있습니다. 아무런 잘못을 저지르지 않아도 피해자가 될 수 있는 것이죠.

범죄 피해를 당하지 않고 사는 게 가장 좋지만, 살다 보면 예기치 않게 전개되는 일도 허다합니다. 막상 범죄 피해를 당하면 무척 당황스럽습니다. 여기서는 그럴 때 어떻게 대처하는 게 현명한지 알아보겠습니다.

범죄 피해를 당했다면 수사기관에 알려야 합니다. 대형 사고 혹은 강력범죄가 발생하면 피해자가 따로 알리지 않아도 경찰이나 검찰 같은 수사기관이 알아서 수사하겠지만, 비교적 경미한 범죄가 발생하면 경찰이 모를 가능성이 높습니다. 수사기관에 알리는 방법은 크게 두 가지가 있는데, 하나는 신고이고 다른 하나는 고소·고발입니다.

폭행을 당했을 때 112에 전화해 피해 사실을 알리는 게 신고죠. 고소나 고발은 범죄가 일어난 사실을 알리는 것에서 그치지 않고 범죄를 저지른 사람을 처벌해달라고 요구하는 겁니다.

여기서 고소와 고발의 차이점에 대해 살펴보겠습니다. 흔히 고소와 고발을 구별하지 않고 사용하는 경우가 많은데, 고소를 할 수 있는 사람과 고발을 할 수 있는 사람에는 차이가 있으므로 법적으로는 구분이 됩니다. 고소는 '범죄 피해자'가 하는 것이고, 고발은 범죄 피해를 당했는지와 무관하게 누구나 할 수 있습니다. 사회적으로 관심이 많은 사건이 발생했을 때 시민단체나 정당에서 고발장을 작성해 검찰청에 제출하는 장면을 자주 볼 수 있는데, 사건과 직접적으로 관련이 없는 이들이 고발을 할 수 있는 건 고발에 특별한 자격이 요구되지 않기 때문이죠.

고소할 때는 반드시 고소장을 제출하지 않아도 됩니다. 말로도 고소할 수 있거든요. 하지만 실무적으로는 대부분 고소장을 작성해 제출합니다. 말로 고소하면 접수받는 수사기관이 어떤 범죄가 어떻게 발생했고 그 때문에 누가 어떤 피해를 입었는지 다 정리해야 하는데, 경찰이나 검찰 입장에서 좋아할 리 없습니다. 그보다는 범죄 피해자가 범죄에 대해 일목요연하게 정리한 고소장을 제출하는 게 좋습니다. 경찰이 그 자료를 토대로 사실관계를 파악하고 수사 계획 세우는 걸 선호하니까요. 고소장에는 주로 ①피의자(범죄를 저지른 사람)와 피해자에 관한 정보(성명, 주소, 연락처 등), ②사건 관련 정보(일시, 장소, 사건 발생 경위), ③사건에 적용되는 법률, ④사건 관련 증거 등을 적습니다.

고소를 진행할 때 변호사가 반드시 필요한 건 아닙니다. 범죄 피해를 당해 가해자를 처벌해달라고 요청하는 게 고소의 본질이니, 깊은 수준의 법률적 지식이 없더라도 고소하는 게 가능합니다. 하지만 복잡한 사건으로 고소할 때는 변호사의 도움을 받는게 좋습니다. 사기 같은 재산 범죄는 똑같은 사실관계를 두고도 법리 공방을 벌이는 일이 많은데, 그럴 때는 법적 논거를 충분히 제시해야 유리한 결과를 얻을 수 있으니까요.

고소를 당하면 불편하고 괴로운 일이 많이 생깁니다. 피의자 신분으로 경찰에 출석하는 것 자체가 큰 고통이죠. 범죄를 저질 렀다면 이런 불편과 고통이 당연하겠지만, 아무 잘못도 없는데 억울하게 고소당하는 사람에게는 힘든 일일 겁니다. 범죄 피해 를 당하지 않았으면서 다른 사람을 괴롭힐 생각으로 묻지마 고 소를 남발하는 사람도 분명히 존재합니다. 이런 사람들을 막기

고 소 장

고 소 인 ○ ○ ○
    ○○시 ○○구 ○○길 ○○(전화번호: ○○○-○○○○)
    직업: ○○○ (111111 - 1111111)

피 고 소 인 ○ ○ ○
    ○○시 ○○구 ○○길 ○○(전화번호: ○○○-○○○○)
    직업: ○○○ (111111 - 1111111)

고소인은 피고소인에 대하여 다음과 같이 고소하오니 철저히 조사
하여 법에 따라서 처벌하여 주시기 바랍니다.

다 음

1. 사건 개요
피고소인은 일정한 직업이 없는 자로서 ○○년 ○월 ○일 ○○시경
○○시 ○○구 ○○길 ○○번지 소재 고소인이 경영하는 '○○음식
점'에 들어와서 식사를 하였습니다. 그런데 피고소인은 식사 중 공연
히 종업원에게 시비를 걸어 … 피고소인은 고소인에게 너도 똑같은
놈이라며 뺨을 때리고 머리채를 잡아 흔들었습니다.

2. 사건에 적용되는 법률
이와 같은 피고소인의 행위는 형법 제260조 폭행에 해당함이 분명합
니다.

첨 부 서 류

1. 진단서   1통
2. 목격자 진술서   1통

○○년 ○월 ○일
위 고소인 ○○○ (인)

위해서 형법은 '무고죄'를 규정하고 있습니다. 다른 사람을 처벌받게 하려고 허위 사실을 신고하면 10년 이하의 징역 또는 1500만 원 이하 벌금의 처벌을 받을 수 있습니다. 고소당한 사람이 고소한 사람을 무고죄로 맞고소하는 일도 종종 있으므로 고소하기 전에 이 가능성도 고려해야 합니다.

032 _____ 고소가 끝이 아니다

고소를 하고 나면 경찰이나 검찰이 본격적인 수사를 진행합니다. 수사기관은 보통 고소인을 먼저 불러서 참고인 조사를 하지요. 고소장에 대략적인 사항이 기재되어 있기는 하지만 보다 정확한 사실관계를 확인해보는 절차입니다. 고소인에 대한 참고인 조사는 한 번만 할 수도 있고 여러 차례 할 수도 있는데, 필요하다면 피의자를 같이 불러 대질조사를 벌이기도 합니다.

고소인은 경찰이나 검찰에게 수사가 어떻게 진행되고 있는지 물어보면서 수사 상황을 면밀하게 관찰해야 합니다. 과거에는 수사기관이 진행 상황에 대해 알려주는 걸 꺼리는 편이었지만 요즘엔 정보 제공을 비교적 성실하게 하는 편입니다. 물론 수사의 특성상 아주 자세한 내용까지 알려주지는 않지만 피의자에 대한 조사가 진행되었는지, 피의자는 어떤 태도를 보이고 있는지, 사건 처리는 언제쯤으로 예상하는지 같은 대략적인 정보는 알려주는 게 일반적입니다.

검찰이 피의자에게 죄가 있다고 판단해 공소를 제기하면 피해자의 1차 목적은 달성된 겁니다. 그런데 검찰이 피의자에 대한 공소를 제기하지 않으면 어떻게 될까요? 기소되어 재판을 받아야 처벌이 가능한데, 기소조차 되지 않았으니 피의자는 처벌받지 않습니다. 무혐의 처분이 나오면 피의자는 환호성을 지르겠지만 피해자는 불만스러울 수밖에 없겠죠.

이런 상황에서 피해자가 사용할 수단이 있는데, 바로 '항고抗告'입니다. 검찰이 무혐의 처분을 내리면 고소인에게 그 결과를 알려주는데, 고소인은 이 처분에 문제가 있으니 다시 판단해달라고 청구하는 항고를 제기할 수 있습니다. 고소인이 항고를 제기하면 지방검찰청의 상급기관인 고등검찰청이 다시 한 번 사건을 살펴보고 지방검찰청 판단에 문제가 없는지 살핍니다. 만약 다시 검토한 결과 무혐의 처분에 문제가 있다고 생각하면 고등검찰청은 지방검찰청에 다시 수사하라고 명령을 내리고(이걸 '재기수사명령'이라고 합니다), 재기수사명령이 있으면 가해자가 처벌받을 가능성이 높아집니다.

고소인이 항소를 했지만, 고등검찰청에서도 무혐의 처분에 문제가 없다고 판단한다면 이걸로 끝일까요? 그렇지는 않습니다. 고소인은 법원에 도움을 요청할 수 있습니다. 검찰의 무혐의 처분이 부당하니 법원에서 다시 판단해달라고 요구하는 걸 '재정신청裁定申請'이라고 합니다. 재정신청을 받으면 법원은 검찰의 판단에 문제가 없었는지 살펴본 뒤 문제가 있다고 생각하면 공소제기를 하라고 검찰에 명령을 내립니다.

이처럼 무혐의 처분에 대한 고소인의 구제수단으로 항고와 재정신청이 있지만 실제로 항고와 재정신청이 받아들여지는 확률은 그리 높은 편이 아닙니다. 항고했을 때 다시 수사하라고 재기수사명령이 내려지는 비율은 약 10퍼센트 정도이고, 재정신청이 받아들여지는 비율은 1퍼센트가 되지 않습니다.[24]

033

피해자를 지키는 각종 제도들

국선변호인제도에 대해서는 많이 알고 있을 겁니다. 피고인이 형사재판을 받는데 변호인을 선임할 돈이 없을 때 국가가 선정해준 변호인의 도움을 무료로 받을 수 있는 제도죠. 이처럼 피고인의 권리를 보장하기 위한 여러 제도적 장치에 대한 비판적인 목소리도 있습니다. 국가가 범죄를 저지른 가해자를 적극 보호하면서 범죄 피해자는 제대로 보호하지 않는다는 것이죠.

국가가 피고인의 권리만 중시하는 건 아닙니다. 피해자의 권리 보호를 위한 제도도 있는데, 대표적으로 '피해자 국선변호인제도'를 꼽을 수 있습니다. 피해자 국선변호인은 피해자에게 법률 상담을 제공하고 수사와 재판 과정에서 부당하게 피해를 보지 않도록 피해자 측 의견을 전달하는 역할을 합니다. 그런데 모든 범죄 피해자가 국선변호인의 도움을 받을 수 있는 건 아닙니다. 국선변호인제도는 성폭력 범죄, 아동·청소년 대상 성범죄, 아동학대 피해자를 위한 것입니다. 국선변호인의 도움을 받고 싶은 피해자는 경찰에 신청하면 됩니다.

금전적 피해 구제를 위해서는 '배상명령제도'도 활용해볼 가치가 있습니다. 형사소송과 민사소송은 목적이 다릅니다. 민사소송이 돈을 받기 위한 절차라면 형사소송은 피고인에게 죄가 있는지 가리는 절차죠. 그래서 형사소송에서 피고인에게 유죄가 내려진다고 해서 피해자에게 돈이 지급되는 건 아닙니다. 피해자가 돈을 받으려면 형사소송과 별개로 민사소송을 제기해야 하는 게 원칙입니다. 하지만 피해자 입장에서는 민사소송을 따로 제기하는 게 번거로운 일이니 가해자(피고인)에 대한 형사소송을 진행하면서 돈 문제까지 같이 해결하는 게 좋습니다.

• 핵심만 정리 •

1. 범죄 피해를 당한 사람이 취할 수 있는 가장 일반적인 방법은 고소장을 작성해 수사기관에 제출하는 것입니다. 고소를 하면 수사기관에 출석해 참고인 조사를 받게 되며, 수사 진행 상황을 확인할 수도 있습니다.

2. 피의자가 검찰에서 무혐의 처분을 받으면 피해자는 '항고' '재정신청'으로 불복할 수 있지만, 성공 확률은 높지 않은 편입니다.

3. 범죄 피해자를 보호하기 위한 제도로는 피해자 국선변호인 제도, 배상명령제도 등이 있습니다.

사기범죄
이렇게
대처하자

누군가에게 돈을 떼이면 굉장히 고통스럽습니다. 일단 경제적 피해가 큽니다. 사기꾼들은 대개 푼돈보다는 거액을 노리니까요. 전 재산에 가까운 보증금, 평생을 일해 받은 퇴직금을 사기꾼에게 털리고 나면 생활이 매우 궁핍해질 수밖에 없습니다.

사기는 전혀 모르는 사람보다는 대체로 평소 잘 알고 지내던 사람과의 사이에서 주로 일어나는 범죄입니다. 믿었던 사람에게 발등을 찍히면 경제적인 피해만이 아니라 마음의 상처까지 깊게 남습니다. "돈을 잃으면 적게 잃는 것이고, 친구를 잃으면 많이 잃는 것이며, 건강을 잃으면 전부를 잃는 것이다"라는 말이 있습니다. 그런데 사기로 돈을 잃으면 친구나 건강도 잃을 수 있으니, 사기당하지 않도록 각별히 주의해야 합니다.

034

사기는 우리 주변에서 흔하게 볼 수 있는 범죄죠. 이건 법원 통계에서도 확인됩니다. 법원행정처가 작성한 〈2019년 사법연감〉에 따르면, 2009년부터 2018년 사이 사기죄(공갈죄 포함)로 재판을 받은 건수는 매해 평균 3만 8862건으로 단연 1등입니다. 상해죄와 폭행죄(연평균 2만 2148건), 절도죄와 강도죄(연평균 1만 3984건)가 그 뒤를 잇고요.

사기죄를 단순하게 표현하면 누군가를 속여서 돈을 가져가는 일인데요. 여기서 핵심은 '누군가 속이는 일'입니다. 법률용어로 '기망행위欺罔行爲'라고 하죠. 예를 들어, 개발이 전혀 불가능한 토지를 매도하면서 "이 땅을 사면 조만간 개발이 돼 땅값이 몇 배는 뛸 것"이라고 말한다면 토지 상태를 속인 것이니 기망행위인 것이죠. 물론 사실과 다른 사항이 섞여 있다고 해서 모두 기망행위가 되는 건 아닙니다. 의사 결정에 핵심 역할을 하는 중요한 사실을 속여야 기망행위가 인정됩니다.

실제로 기망행위인지 판단하는 건 매우 어려운 일입니다. 속인 사실이 돈을 준 경위와 직접적으로 연결될수록, 속인 사실이 실제 사실과 차이가 많이 날수록 기망행위로 인정될 가능성이 높아지죠. 그러므로 고소하는 사람은 이 점을 강조해서 부각시켜야 합니다.

적극적으로 거짓말을 하는 것만이 아니라 중요한 사실을 말하지 않고 가만히 있는 것도 기망행위가 될 수 있습니다. 예컨대 A가 B에게 돈을 받고 회사를 넘겼는데, 알고 보니 그 회사가 상당한 빚을 지고 있었던 경우라면 A는 B를 속인 게 됩니다.[25] A 입장에서는 "나는 회사에 빚이 없다고 말을 한 적이 없으니 B를 속인 게 아니다"라고 주장할지 모르지만, 만약 빚이 있는 걸 알았다면 B가 회사를 인수하지 않았을 것이므로 A가 그 사실을 미리 말했어야 하는 것이죠.

035 _____ 사기죄로 고소할 때 유의해야 할 사항

사기당한 사람이 가장 먼저 떠올리는 법적 수단은 형사고소입니다. 고소하는 주된 이유는 돈을 받기 위해서인데, 줄 돈이 없다고 버티던 사람도 정작 고소를 당하면 어떻게든 돈을 마련해 갚곤 합니다. 사기 행위로 돈을 받았다가 나중에 다시 돌려준다 해도 사기죄가 없어지는 건 아닙니다. 하지만 사기죄 같은 재산범죄에서는 피해자의 피해가 회복되었는지가 피고인의 형량을 결정할 때 매우 중요한 요소라서 사기를 친 사람은 선처를 받으려고 돈을 갚는 일이 많죠.

물론 형사고소만이 능사는 아닙니다. 사람마다 성향이 달라서 '없는 돈이라도 만들어서 갚아야겠구나'라고 생각하는 사람도 있지만, '이왕 이렇게 된 거 몸으로 때우자'라고 마음먹는 사람도 있으니까요. 고소가 만능 열쇠는 아니지만 형사고소를 하면 효과가 즉각 나타나곤 하니 유용한 수단인 건 맞습니다.

고소할 때 가장 신경 써야 할 부분은 사기당했다는 것을 밝혀 줄 증거를 제대로 제출하는 것입니다. 특히 사기를 저지른 사람이 어떻게 속였는지 분명하게 보여주는 게 중요합니다. 사업계획서와 같이 정리된 서류가 있다면 제일 좋겠지만 그런 서류가 없다면 주고받은 문자나 통화 내역, 이메일도 증거로 활용될 수 있습니다.

사기죄로 고소할 때는 가급적 피해자를 여러 명 확보하는 것이 유리합니다. 사기당한 사람은 억울하고 분해서 잠도 제대로 못 자지만, 수사기관은 피해자만큼 사건에 열의를 갖지는 않습니다. 성실하게 수사하는 경찰이 더 많겠지만, 간혹 "경찰이 받지 못한 돈 받아주는 심부름센터가 아니다"라는 생각으로 일하는 경찰관도 있거든요. 이럴 때는 피해자가 혼자가 아니라는 걸 알리는 게 효과적입니다. 피해 금액이 1억 원일 때 한 사람이 1억 원 사기를 당한 경우보다 열 명이 1000만 원씩 사기당한 경우 수사기관이 더 적극적으로 수사할 가능성이 높습니다. 사기꾼은 보통 한 사람이 아니라 여러 사람을 상대로 사기 치는 일이 많으므로, 주변에 비슷한 피해를 당한 사람이 있는지 알아보고 함께 고소하는 게 유리합니다.

사기로 고소를 하면 고소당한 사람이 합의하자며 먼저 연락

해오기도 합니다. 이때 조심해야 할 게 있습니다. 합의하면서 또 다른 사기 범죄를 저지르려고 시도하는 일이 있기 때문입니다. 가장 흔한 수법은 각서를 써줄 테니 합의서를 제출해달라고 요구하는 겁니다. 돈을 갚겠다는 내용의 각서는 법적 효력이 있으므로 각서에 쓰인 대로 돈을 요구할 수 있습니다. 하지만 요구할 권리가 있는 것과 실제로 돈을 받는 건 차이가 있습니다. 아무리 권리가 있더라도 상대에게 돈이 없다면 그 각서는 단지 종이 한 장에 불과합니다.

피해자가 각서로 충분하지 않다고 주장하면 공증까지 해주겠다고 말하기도 합니다. '공증公證'을 하면 안전하다고 생각하는 사람도 있는데 그건 오해입니다. 공증은 어떤 사실을 공적으로 증명해주는 기능을 하는데, 이행각서에 공증을 받아두면 따로 재판을 하지 않더라도 공증받은 문서로 강제집행을 할 수 있다는 장점이 있습니다. 그런데 공증을 통해 강제집행할 힘이 있더라도 상대에게 재산이 없다면 역시 무용지물입니다.

결국 각서는 아무리 공증을 받았다 하더라도 재산이 없으면 의미가 없으므로 합의할 생각이면 가급적 현금을 받는 게 바람직합니다. 만약 현금이 없다면 부동산 같은 자산을 담보로 잡아 두는 게 안전하고요.

민법의 관점에서
바라본 사기 행위

036

누군가에게 속아 재산상의 피해를 입었을 때 사기죄를 먼저 떠올리는 사람이 많습니다. 그런데 속이는 행위가 모두 사기죄가 되는 건 아닙니다. 사기죄라는 범죄가 성립하려면 엄격한 요건을 갖춰야 합니다. 속인 건 맞지만 사기죄 적용이 되지 않는 경우도 빈번하거든요.

민법의 관점에서 봤을 때 사기는 계약의 취소 사유입니다. 계약을 체결했는데 상대방이 속인 게 드러나면 계약을 취소할 수 있고, 계약이 취소되면 그 계약에 따른 의무를 지키지 않아도 됩니다. 실제 있었던 사례를 살펴보겠습니다.

의류를 판매하는 A회사는 직원 모집공고를 냈고, B는 지원 서류를 제출했습니다. B가 제출한 이력서에는 백화점 의류 판매점 매니저로 근무한 경력이 포함되어 있었습니다. A회사는 백화점 매니저 경험이 있는 사람이 회사에 도움이 되겠다는 생각에 B를 채용했습니다. 그런데 알고 보니 B의 경력은 가짜였습니다. 그러자 A회사는 B를 해고했고, B는 부당해고라고 맞섰습니다.

이 사건에서 법원은 A회사의 손을 들어주었습니다. A회사가 B를 직원으로 뽑은 건 백화점 의류 판매점 매니저 경력 때문인데, 그걸 속였으니 근로계약을 취소할 수 있다고 본 겁니다.[26]

위 사례처럼 계약을 취소하려면 상대가 중요한 내용을 속였다는 게 인정되어야 하지만, 속인 부분이 중요한 내용이 아니어서 계약을 취소할 수 없는 경우도 있습니다. 만약 B가 미혼이면서 기혼인 것으로 속였다면 어떨까요? 백화점 의류 판매점 매니저 경력 여부는 근로계약 체결에서 매우 중요한 사실이지만, 결혼 여부는 중요한 사실이라고 보기 어렵겠지요. 따라서 혼인 여부를 속였다고 계약을 취소하는 것은 무리가 있습니다.

· 핵심만 정리 ·

1. 사기는 다른 사람을 속여서 재산상 이익을 취하는 것으로 주변에서 흔히 볼 수 있는 범죄입니다. 사기죄로 형사고소를 하면 상대가 압박을 느껴 돈을 갚는 경우가 있습니다.
2. 고소할 때는 기망행위 부분을 잘 설명하는 게 중요합니다. 그리고 한 사람보다는 여러 사람이 함께 고소하면 그 효과가 커집니다. 또 합의할 때는 그 합의가 실제로 이행될 수 있는지 유의해서 봐야 합니다.
3. 사기는 민법상 계약 취소 사유이므로 계약의 중요한 내용을 상대방이 속였다면 그 계약을 취소할 수 있습니다.

⚖️

폭행에는
어떻게
대처해야 할까?

"아이들은 싸우면서 큰다"라는 옛말이 있습니다. 하지만 이 말은 폭력에 대해 비교적 관대하던 시절의 이야기죠. 드라마의 두 남자 주인공이 여자 주인공을 두고 격렬하게 주먹다짐을 하다가 갑자기 농구장 바닥에 나란히 누워 진솔하게 대화 나누는 모습도 옛 드라마에서나 볼 수 있는 장면이고요.

사회 전반적으로 폭력에 대한 감수성이 예민해졌지만, 그럼에도 여전히 폭력은 사라지지 않고 있습니다. '묻지 마 폭행' 같은 반사회적 범죄도 심심치 않게 일어나고 있고요. 폭력은 격앙된 감정을 표출하는 가장 원초적인 수단입니다. 하지만 그런 범죄행위가 용납될 수 없다는 건 자명합니다. 이번에는 폭행이나 상해를 당했을 때의 대처 방법에 대해 이야기해보겠습니다.

국어사전은 폭행을 "난폭한 행동"으로 정의하는데, 법률적 의미의 폭행은 국어사전의 정의와는 약간 차이가 있습니다. 법률에서 말하는 폭행은 "사람의 신체에 대해 유형력을 행사하는 것"입니다. 여기서 유형력이란 역학적·물리적 작용 내지 물리력을 뜻합니다. 단어 그 자체보다 단어의 풀이가 더 어려운 경우가 있는데 아마 폭행이 그 예시가 아닐까 싶습니다.

쉽게 말해 폭행은 사람을 때리는 행위입니다. 하지만 직접 신체에 접촉해 때리지 않더라도 일정한 유형력(힘)을 사용하는 것만으로도 폭행이 될 수 있습니다. 판례 중에는 피해자에게 가까이 다가가 욕설을 하면서 때릴 듯이 손발이나 물건을 휘두르거나 던지는 행위,[27] 피해자 앞에 놓인 탁자를 향해 철제 젓가락을 던지는 행위를 폭행으로 본 사례가 있습니다.

대한항공 총수 일가는 각종 갑질과 다양한 범죄로 사회적 물의를 일으켰는데, 조현민 전무도 그중 한 사람입니다. 그녀는 이른바 '물컵 갑질'의 장본인이죠. 대한항공 본사에서 광고업체 직원과 업무와 관련해 이야기하던 중 괴성에 가까운 소리를 지르면서 유리컵을 던지고 종이컵에 든 음료를 참석자들을 향해 뿌렸습니다. 이때 적용된 죄명이 바로 폭행죄였습니다. 유리컵이 광고업체 직원의 신체에 닿지는 않았지만 일정한 힘이 행사되었으니 형법상 폭행이 될 수 있는 것입니다.

다만, 이 사건으로 조현민 전무는 처벌을 받지 않았는데, 그건 그녀의 행위가 폭행에 해당하지 않아서가 아닙니다. 폭행죄는 피해자가 원하지 않으면 처벌할 수 없는 반의사불벌죄인데, 피해자 두 명 모두 조현민 전무의 처벌을 원하지 않았기 때문입니다.

한편, 사람의 신체에 일정한 힘을 행사했다고 해서 무조건 폭행이 되는 건 아닙니다. 폭행의 범위를 너무 넓히면 웬만한 행동이 모두 폭행이 될 수 있기 때문에 법원은 형법적으로 처벌되는 폭행의 범위를 한정하고 있습니다. 사람이 다칠 위험성이 있다든가 적어도 신체적·정신적 고통 내지 불쾌감을 야기하는 불법적 행동이어야 폭행으로 간주합니다. 곧 시비를 만류하면서 조용히 얘기나 하자며 상대 팔을 두세 차례 정도 잡아 끄는 정도의 행위[28]는 폭행에 해당하지 않는 것이죠.

038 폭행에 정당방위로 맞설 수 있을까?

누군가 폭행하려고 하면 일단 피하는 게 급선무입니다. 하지만 피하려 하는데도 상대가 계속 공격할 수도 있겠지요. 그 과정에서 일방적으로 폭행당하는 게 억울하다고 느낄 수도 있을 테고요. 이럴 때 사람들은 적극적으로 반격할 것인지 고민하게 됩니다.

다른 사람의 부당한 공격으로부터 자신을 지키는 건 당연한 권리입니다. 형법도 정당방위를 인정해 그 과정에서 위법한 행동이 발생하더라도 처벌하지 않는다고 규정하고 있습니다.[29] 따라서 폭행당하는 상황에서 반격을 하더라도 법적으로 문제가 되지 않습니다.

하지만 한국은 정당방위의 범위를 매우 좁게 인정하는 나라입니다. 다른 사람의 폭력에 맞대응하다가 자칫 가해자로 몰릴 수 있다는 말이죠. 폭행 사건이 발생하면 실무적으로는 '쌍방폭행'으로 처리하는 경우가 많습니다. 폭행 사건으로 수사기관에서 조사받을 때 "가해자와 피해자 둘 다 문제니 서로 합의하시라"고 권하는 모습을 종종 보곤 합니다.

경찰이 쌍방폭행으로 보고 합의를 권하는 데에는 크게 두 가지 이유가 있습니다. 첫째는 누가 가해자이고 피해자인지 가리기 어려운 때가 많아서이고, 둘째는 합의하면 폭행 사건이 종결되어 일을 쉽게 마무리할 수 있어서죠.

정당방위를 인정하는 경우가 많지 않다 보니 "때리면 그냥 맞으라는 이야기냐?"라는 불만이 나오기도 합니다. 정당방위 인정 범위를 너무 좁게 해석해서 피해를 당하는 사람이 많다는 비판이 계속되자 수사기관이나 법원은 정당방위 인정 범위를 점점 넓히려는 움직임을 보이고 있긴 합니다.

정당방위로 인정받으려면 상대방이 먼저 폭행했다는 사실을 보여줄 증거를 충실하게 확보해야 합니다. CCTV나 휴대전화 동영상 같은 객관적 증거가 있으면 가장 좋겠지만, 그게 어렵다면 목격한 사람의 연락처를 확보했다가 나중에 진술을 부탁하는 방법도 있습니다.

또 정당방위의 본질에 충실해야 정당방위로 인정될 가능성이 높습니다. 정당방위는 말 그대로 '방어하기 위한 행동'이므로 방어 행동을 넘어 적극적인 공격으로까지 나아가면 안 됩니다. 상대의 손을 잡는다든지, 몸을 눌러 제압하는 정도로만 힘을 사용하는 게 바람직합니다. 상대를 이미 제압했는데 계속 공격하거나 흉기나 무기를 사용하는 경우, 상대가 너무 심하게 다친 때에는 정당방위로 인정되지 않을 가능성이 높습니다.

'도둑 뇌사 사건'을 기억하실지 모르겠습니다. 20대인 A는 친구들과 술을 마시고 새벽에 귀가했다가 자신의 집 거실에서 서랍장을 뒤지던 도둑 B(당시 55세)를 발견하고 주먹으로 얼굴을 수차례 때려 넘어뜨렸습니다. 넘어진 B가 도망치려 하자 A는 B의 뒤통수를 수차례 발로 걷어찼고, 빨래 건조대와 차고 있던 벨트를 풀어 B의 등을 수차례 때렸습니다. A의 폭행으로 B는 의식불명 상태에 빠졌다가 결국 폐렴으로 사망하고 말았습니다.

이 사건을 계기로 어디까지 정당방위로 봐야 하는지에 대한 사회적 논쟁이 크게 일었습니다. 이 사건에서 법원은 A의 행동을 정당방위로 보지 않았습니다. B가 이미 반항할 수 없는 상태였는데도 A가 계속 폭행한 것은 방어의 범위를 넘어선 공격행위라고 판단한 것입니다.

039

폭행 피해자를
위한 여러 제도들

폭행이 1회에 끝난다면 그나마 다행이지만 그렇지 않은 경우도 있습니다. 폭행 범죄는 반복적으로 일어날 수 있어 범죄 피해자는 두려움에 사로잡히곤 합니다. 그래서 피해를 당하고도 보복이 두려워 신고하지 못하는 일도 생깁니다. 이런 경우에는 '신변보호제도'를 활용해 경찰에 보호를 요청할 수 있습니다.[30]

폭행 사건으로 수사가 진행 중이라면 사건 담당자와 상담 후 '신변보호 신청서'를 작성해 제출하면 됩니다. 진행 중인 사건 없이 신변보호를 원하는 경우에는 경찰서 민원실 또는 지구대나 파출소를 방문해 상담을 받은 뒤 '신변보호 신청서'를 접수하면 되고요. 물론 신변보호 신청을 한다고 해서 무조건 받을 수 있는 건 아닙니다. 사건 담당부서나 신변보호심사위원회에서 피해자와 가해자의 관계, 피해 발생 가능성 등을 기준으로 필요성에 대한 심사를 거쳐 신변보호 여부를 결정합니다. 신변보호 방법으로는 112 등록, 스마트워치 제공(스마트워치는 실시간 위치추적을 통해 경찰과 연결되어 있어 호출 시 즉시 출동해 피해자를 보호해줌), 맞춤형 순찰, 신변 경호, 가해자 경고, 피해자 권고, 신원정보 변경, 보호시설 연계, 임시숙소 제공 등이 있습니다.

폭행 피해를 입었다면 가해자에게 손해배상을 청구할 수 있습니다. 폭행은 형법상 범죄일뿐 아니라 민법상 불법행위이기 때문이죠. 그런데 길을 가다가 '묻지 마 폭행'을 당해 가해자가 누구인지 알 수 없거나, 가해자가 누구인지는 알지만 가해자의 경제적 능력이 부족해 배상받을 수 없을 때는 어떻게 해야 할까요? 이럴 때 활용할 수 있는 제도가 '범죄피해자구조제도'입니다.

생명 또는 신체에 관한 범죄로 사망하거나 장해(중상해)를 입은 피해자는 국가에 구조금을 요청할 수 있습니다. 피해자가 사망한 경우에는 피해자의 유족도 구조금을 신청할 수 있고요. 피해구조금은 유족구조금, 장해구조금, 중상해구조금으로 구분되는데, 관련 법령에 따라 산정된 금액을 일시금으로 지급합니다. 검찰청 통계에 따르면, 2019년 기준으로 범죄피해구조금이 지급된 건수는 총 305건이고, 지급액은 115억 1629만 7000원이니, 한 건당 평균 3700만 원가량 지급된 것입니다.[31]

> **• 핵심만 정리 •**
>
> 1. 폭행은 신체에 일정한 힘을 행사하는 것입니다. 혹은 다칠 위험성이 있다면 신체에 접촉하지 않았더라도 폭행죄가 될 수 있습니다.
> 2. 폭행이 일어났을 때 자신을 지키기 위해 정당방위를 할 수 있는데, 우리나라는 정당방위 범위를 좁게 인정하는 편입니다. 정당방위로 인정받으려면 폭행 상황에 대한 증거를 확보하고, 과하게 반격하지 않도록 유의해야 합니다.
> 3. 폭행 범죄가 일어날 가능성이 높을 때는 경찰에 신변보호를 요청할 수 있습니다. 또 폭행으로 피해를 입었을 경우 국가에 범죄피해구조금을 신청할 수 있습니다.

나의 명예를
지키는 방법

고도로 발달된 정보통신기술의 영향으로 자기 표현 수단이
매우 많아졌습니다. 블로그, SNS, 유튜브 등으로 언제, 어디서나
자기 생각과 감정을 표출할 수 있는 시대가 되었죠. 하지만 그늘
도 있습니다. 욕설과 인신공격으로 다른 사람에게 상처 주는 일
이 그만큼 많아졌죠.

온라인 공간에서 지탄받던 연예인이나 유명인이 극단적 선택
을 하는 안타까운 일도 끊이지 않습니다. 사망 원인을 한두 가지
로 꼽을 수는 없겠지만, 악플로 인한 상처가 큰 영향을 미쳤을 가
능성이 커 보입니다. 상대 표현이 그냥 웃고 지나칠 수준을 넘어
심각한 명예훼손에 해당하고, 이 때문에 정신적 피해가 심하다
면 법적 조치를 취하는 수밖에 없습니다.

040

명예훼손과 모욕은 어떻게 다를까?

생각, 감정, 의견을 자유롭게 표현하는 건 사람에게 매우 중요한 일입니다. 그래서 헌법도 표현의 자유를 명시적으로 보호하고 있는 것이고요. 하지만 표현이 항상 긍정적 역할만 하는 건 아닙니다. 숙명여대 법학과 홍성수 교수가 쓴 책 제목처럼 "말이 칼이 될 때"도 있으니까요. 다른 사람을 부정적으로 표현하면 때로 법적 책임을 져야 할 수도 있습니다. '명예훼손' 혹은 '모욕'이 된다면 말입니다.

명예훼손과 모욕은 얼핏 비슷해 보이지만 차이가 있습니다. 둘을 구분하는 기준은 특정 사실의 적시 여부입니다. 특정 사실을 거론하면 명예훼손이고 그렇지 않으면 모욕으로 생각하면 쉽습니다. 예를 들어보겠습니다.

1번 "홍길동은 다른 사람 물건을 훔친 일로 교도소에 들어갔다 나온
　　적이 있다."
2번 "홍길동은 똥멍청이다."

1번의 경우 절도와 수감생활이라는 구체적 사실이 드러나 홍길동의 명예를 깎아내리고 있으니 명예훼손이고, 2번은 그런 사실을 말하지 않고 단순히 홍길동을 비난하고 있으니 모욕인 겁

니다. 엄밀히 말하면 둘은 법적으로 구분되지만 공통되는 부분도 많습니다. 일상에서는 모욕보다는 명예훼손이 문제가 되는 경우가 빈번하므로 여기에서는 명예훼손 위주로 이야기하고자 합니다. 참고로 의외로 많은 사람이 '명예회손'이라고 표현하는데, '명예훼손'이 정확한 표기법입니다.

041   명예훼손에 관해 반드시 알아야 할 사실들

진실한 사실을 말해도 명예훼손이 될 수 있습니다. 허위 사실로 명예를 깎아내리는 건 안 되지만 진실을 말하면 괜찮다고 생각하는 사람이 있는데 그렇지 않습니다. 실제 있었던 사실이라 하더라도 그 내용이 다른 사람의 명예에 손상을 가하면 명예훼손에 해당합니다. 다만 그 내용이 진실이냐 허위냐에 따라 처벌

수위가 달라지죠. 당연히 허위일 경우 더 엄하게 처벌합니다(진실한 사실이면 2년 이하의 징역이나 500만 원 이하의 벌금, 허위면 5년 이하의 징역이나 1000만 원 이하의 벌금).

사실 법조계에서는 진실한 사실을 말한 사람을 처벌하는 건 너무 과하다고 주장하는 사람도 있습니다. 나중에 법이 바뀔 가능성이 있지만 현행법대로라면 이것 역시 분명한 범죄입니다. 물론 예외도 있습니다. 형법은 진실한 사실이면서 오로지 공공의 이익에 관한 때는 처벌하지 않도록 규정합니다. 공익을 위한 표현의 자유를 보장하는 것이죠.

회사를 욕하는 행위도 명예훼손이 될 수 있습니다. 법에서 말하는 사람은 두 가지입니다. 하나는 이민수, 김지영처럼 일반적인 의미의 사람(자연인)이고, 다른 하나는 주식회사 삼성전자, 현대자동차처럼 법에서 인정한 사람(법인)입니다. 법인(회사)도 명예를 가지고 있으므로 회사를 비판할 때도 조심해야 합니다.

그럼, 국가나 지방자치단체를 비판해도 명예훼손이 될까요? 그렇지는 않습니다. 국가나 지방자치단체는 국민의 기본권을 보호해야 할 책임과 의무를 지고 있는 공권력 행사자이지만, 기본권의 주체는 아니어서 명예훼손이 성립하지는 않습니다.[32]

또 전파될 가능성이 없으면 명예훼손에 해당하지 않습니다. 명예는 스스로 느끼는 감정이기도 하지만 기본적으로 다른 사람의 평가에 좌우되는 사회적인 것이기도 합니다. 아무리 나쁜 사실이라 하더라도 다른 사람에게 그 내용이 퍼지지 않으면 명예가 훼손되지 않는 것이죠. 곧 두 사람밖에 없는 상황에서 한 사람이 다른 사람을 원색적으로 비난하더라도 다른 사람에게 퍼질 가능성이 없다면 형법상 명예훼손이 아닙니다.

다른 사람이 있는 장소라 해도 누구인지에 따라 결과가 달라질 수 있습니다. 이야기를 들은 사람이 다른 사람에게 퍼뜨릴 가능성이 없다면 역시 명예훼손이 되지 않을 수 있습니다. 예를 들어보죠. A가 B에게 "당신 아들은 툭하면 폭력을 행사하고 물건을 부수는 깡패다"라고 말한 건 명예훼손이 되지 않습니다. 그건 B가 자기 아들의 폭력성을 다른 사람에게 알릴 가능성이 거의 없기 때문입니다.[33]

피해자가 특정되지 않아도 명예훼손이 성립하지 않습니다. 예전에 한 국회의원이 아나운서를 비하하는 발언을 해서 재판을 받은 적이 있습니다. 하지만 무죄가 선고되었는데, 그건 피해자가 특정되지 않았다는 이유에서였습니다(그 국회의원에게 적용된 죄명은 '모욕죄'였지만 명예훼손의 경우도 똑같습니다).

명예훼손이 되려면 그 사람이 누구인지 알 정도로 범위가 좁혀져야 합니다. 예를 들어 "국회의원은 다 썩었다"라거나 "가수 K씨는 표절 가수의 대표주자다"라고 말한다면 누구를 말하는지 정확히 알 수 없으므로 명예훼손으로 보기 어렵습니다.

한편, 온라인으로 명예훼손을 하면 가중처벌을 받습니다. 말로 하든 글로 쓰든 모두 명예훼손이 되지만 어떤 방법을 사용했는지에 따라 처벌 수위가 달라지는 것이죠. 진실한 사실인 경우,

일반적인 명예훼손은 2년 이하의 징역이나 500만 원 이하의 벌금이지만, 온라인 명예훼손은 3년 이하의 징역 또는 3000만 원 이하의 벌금입니다. 온라인 공간에서는 불특정 다수가 그 내용을 볼 수 있고, 쉽게 전파되기 때문에 더 엄하게 처벌하는 겁니다.

042　　　　　　　　　　명예훼손에
대처하는 방법

　명예훼손은 분명한 범죄입니다. 따라서 범죄 피해를 당한 사람은 가해자를 처벌해달라고 고소할 수 있습니다. 보다 정확하게 말하면, 명예훼손은 피해자가 처벌을 원해야 가해자를 처벌할 수 있습니다. 피해자 의사에 반해 가해자를 처벌할 수 없는 반의사불벌죄의 대표 유형이지요.

　고소를 하려면 고소장을 작성해야 하는데, 고소장에는 가해자가 구체적으로 어떤 표현을 했고, 이 표현이 사실인지 아닌지 등을 기재해야 합니다. 관련 증거도 첨부하는 게 좋고요.

　증거는 명예훼손 사실을 보여줄 수 있는 것이라면 무엇이든 괜찮지만 명예훼손 유형에 따라 그 종류가 다릅니다. 인터넷 게시판이나 채팅창에서 명예훼손이 일어났다면 해당 표현을 캡처한 화면이나 휴대폰으로 촬영한 사진이 증거가 됩니다. 말로 명예훼손을 한 경우에는 녹음 파일이 가장 강력한 증거가 되지만, 혹시 녹음하지 못했다면 그 발언을 들은 사람의 사실확인서를 증거로 활용할 수 있습니다.

명예훼손죄에 대한 유죄 판결에서는 벌금형이 선고되는 경우가 많습니다. 하지만 벌금도 엄연한 처벌이고 일종의 '전과'이므로 가볍게 생각해서는 안 됩니다. 또 위반 정도가 심한 때는 징역형이 선고되기도 한다는 점을 유의해야 합니다.

명예훼손에 대해 형사적 방법 외에 민사적 방법을 사용할 수도 있습니다. 다른 사람의 명예를 훼손하는 행위는 법에 어긋나는 행동(불법행위)이니 민사소송을 제기해 위자료를 요구할 수 있습니다. 민사소송에서 명예훼손이 인정되면 명예훼손을 하게 된 경위, 표현의 정도에 따라 손해배상액이 달라집니다. 대체로 위자료는 200~2000만 원 정도 인정되고 있습니다.

민사소송과 형사고소라는 방법은 명예훼손 행위에 대한 전통적 대처 방법입니다. 그런데 여기에는 몇 가지 단점이 있습니다. 우선, 결론이 나오기까지 시간이 상당히 걸립니다. 민사소송 1심 판결이 선고되기까지는 통상 6개월~1년이 걸리고, 2심이나 3심까지 진행하려면 더 소요됩니다. 또 법원이나 경찰을 거쳐야 하므로 다소 번거로운 측면이 있습니다. 민사와 형사 절차를 거치는 동안에도 명예훼손 행위는 계속 일어날 수 있는데, 특히 인터넷 공간에서 일어난 명예훼손은 쉽게 전파될 뿐 아니라 불특정 다수가 볼 수 있어 그 피해가 커질 우려가 있죠. 그래서 인터넷에서 일어난 명예훼손에 대해서는 구제수단이 마련되어 있습니다. 인터넷 게시글 때문에 명예훼손을 당한 피해자는 서비스를 제공하는 사업자에게 게시글 삭제를 요청할 수 있습니다. 그러면 서비스 제공 사업자는 해당 내용을 삭제하거나 사람들이 게시글에 접근하지 못하도록 막는 임시조치를 해야 합니다.

예를 들어, 누군가 네이버 카페에 나를 비난하면서 명예를 훼손하는 글을 올린 경우, '네이버 고객센터'에 권리침해 신고를 하면 됩니다. 그러면 담당자가 신고자가 말한 게시물을 확인해 명예훼손에 해당하는지 판단한 뒤 게시물 임시조치를 하고 그 내용을 게시자와 신고자에게 안내합니다. 물론 이 조치는 한계가 있습니다. 게시자가 다시 게시해달라고 요청하면 받아들여질 수도 있거든요.

• 핵심만 정리 •

1. 명예훼손은 특정 사실을 적시하는 것이고, 모욕은 특정 사실을 적시하지 않는 것입니다. 진실한 사실을 말하는 것도 자칫 명예훼손이 됩니다. 하지만 공익을 위한 목적으로 사실을 말할 경우에는 처벌되지 않습니다.

2. 사람들에게 전파될 가능성이 없거나 피해자가 특정되지 않으면 명예훼손이 성립하지 않습니다. 한편으로 온라인을 통한 명예훼손은 가중해서 처벌한다는 점을 기억해야 합니다.

3. 명예훼손을 당해 고소를 하면 가해자에게는 주로 벌금이 선고되지만, 정도가 심하면 징역형이 선고되기도 합니다. 명예훼손에 대한 민사소송을 제기해 위자료를 청구할 수 있고, 인터넷 명예훼손의 경우에는 게시글을 삭제하거나 차단하는 임시조치를 서비스 제공 사업자에게 요구할 수 있습니다.

있어서는
안 되는 범죄,
성범죄

　모든 범죄는 피해자에게 큰 상처와 피해를 남깁니다. 그중에서도 성범죄가 피해자에게 미치는 악영향은 지대합니다. 성은 가장 내밀한 영역이어서 그만큼 상처가 깊고 고통도 강합니다.

　2018년 1월, 서지현 검사의 폭로는 한국 사회를 크게 흔들었습니다. 현직 검사인 그녀는 뉴스 프로그램에 출연해 전직 검찰 간부로부터 성범죄를 당했다는 사실을 공개적으로 알렸습니다. 서지현 검사의 용기 있는 폭로 덕분에 그동안 숨죽이고 있던 피해자들의 외침이 한꺼번에 터져 나왔습니다. 많은 여성이 "나도 피해자"라는 사실을 알리면서 '미투Me too' 운동이 일어났지요. 하지만 참으로 안타깝게도 성범죄는 여전히 사회 곳곳에서 벌어지고 있습니다. 어떤 대처가 현명한지 알아보겠습니다.

상대 의사에 반해 강제로 성관계를 맺는 강간이 범죄라는 건 당연한 상식입니다. 일반적으로 양 당사자가 합의한 뒤 성관계를 가지면 범죄가 되지 않지만, 예외적으로 범죄로 인정되는 경우가 있습니다. 이를테면, 만 13세 미만의 미성년자와 갖는 성관계는 무조건 범죄입니다. 설령 미성년자가 원했다 하더라도 말입니다. 만 13세 이상의 미성년자와 합의하에 성관계를 갖는 건 도덕적으로 비난받을 만하지만 엄밀히 말해 범죄는 아닙니다. 하지만 몇 가지 예외가 있습니다.

19세 이상 성인이 장애가 있는 13세 이상 19세 미만 아동·청소년과 성관계를 맺으면 범죄가 됩니다. 설령 장애가 없더라도 미성년자의 성을 돈 주고 사는 성매매 행위도 처벌 대상이고요.

일반적인 강간은 폭행이나 협박을 해서 성관계를 맺는 것인데, 폭행이나 협박 없이도 강간죄로 처벌되는 경우가 있습니다. 만취 상태이거나 정상적 판단력이 없는 사람과 성관계를 맺으면 준강간죄가 되는데, 이는 강간죄와 동일하게 취급합니다.[34]

강간까지는 아니더라도 상대를 강제로 추행하는 것 역시 범죄입니다. 강제 추행은 상대에게 성적 수치심과 혐오감을 느끼게 만드는 행동을 말합니다. 예를 들면, 상대를 뒤에서 껴안고 가슴을 만지는 행위는 강제 추행에 해당합니다.

강제 추행의 범위는 비교적 넓다는 점을 유의해야 합니다. 골프장 여종업원들이 거부 의사를 밝혔는데도 골프장 사장과의 친분을 내세우면서 "함께 술을 마시지 않으면 신분상 불이익을 가하겠다"라고 말하며 이른바 러브샷을 강요한 사안,[35] 직장 상사가 등 뒤에서 피해자 의사에 반해 어깨를 주무른 사안[36] 모두 법원은 강제 추행이라고 판단했습니다. 상대 의사에 반하는 신체 접촉은 하지 않아야 합니다.

IT 기술이 발달하면서 성범죄 유형도 다양해지고 있습니다. 성적 욕망 또는 수치심을 유발하는 신체 일부를 몰래 촬영하는 이른바 '몰카' 범죄가 기승을 부리고 있는데, 불법 몰카 영상을 직접 촬영하지 않았더라도 배포하는 것만으로도 처벌받습니다.

연인이 서로 동의한다면 성 관련 영상을 촬영하는 건 문제가 되지 않습니다. 그런데 헤어지고 난 뒤 그 영상을 가지고 협박하는 일이 종종 발생합니다. 촬영 당시에는 동의했더라도 상대방 의사에 반해 나중에 퍼뜨리는 것도 명백한 범죄입니다. 동영상 촬영과 배포와 별개로 협박 자체도 범죄가 되니, 그런 행위는 절대 하지 말아야 합니다. 이 밖에도 성적 욕망을 채우려는 목적으로 화장실, 탈의실에 들어가는 행위, 성적 욕망을 유발하거나 만족시키려고 상대방 핸드폰에 음란한 영상이나 글을 보내는 행위도 모두 처벌 대상입니다.

성범죄를 저지르면 징역형이나 벌금형으로 끝나지 않고 추가적인 불이익을 받을 수 있습니다. 성명, 나이, 실제 거주지 같은 신상정보가 인터넷에 공개될 수 있고, 재범의 위험성이 있으면 위치추적전자장치(전자발찌)도 부착해야 합니다. 또 성도착증이 심하면 성충동약물치료(화학적 거세)를 받아야 합니다.

044 성범죄에 현명하게 대응하는 방법

가급적 성범죄를 당하지 않는 게 최선이지만 혹시라도 피해를 당했다면 현명하게 대처해야 합니다. 피해자가 사용할 수 있는 법적 수단으로는 민사적인 방법과 형사적인 방법이 있습니다. 민사적인 방법은 가해자에게 손해배상을 요구하는 소송을 제기하는 것이고, 형사적인 방법은 가해자를 처벌해달라고 수사기관에 신고(고소)하는 것인데, 여기서는 형사적인 방법을 살펴보겠습니다.

성범죄를 당해 고소할지 말지 고민할 때 무고죄를 걱정하는 사람이 있습니다. '혹시 고소했다가 가해자가 무죄를 받으면 오히려 내가 처벌받는 것 아냐?'라는 걱정이지요. 범죄가 없는 사람을 함부로 고소하면 무고죄로 처벌받지만 성범죄 피해자가 무고죄로 처벌되는 경우는 드문 편입니다. 가해자가 무혐의 처분이나 무죄 판결을 받는다고 곧바로 무고죄가 되는 것도 아니고요. 한 통계에 따르면 2017~2018년 검찰의 성폭력범죄 사건 처리 인원 수가 7만 1740명인데, 이중 무고죄로 기소된 피의자 수는 약 556명입니다. 무고죄로 처벌받는 사람이 전체 성폭력 사건의 0.78퍼센트에 불과한 것이죠. 물론 상대방을 괴롭힐 목적으로 없는 죄를 뒤집어씌워서는 안 되지만, 실제 피해를 당했다면 무고죄를 크게 걱정할 필요는 없습니다.

고소한 뒤 가해자에게 추가 보복을 당할까 두려운 마음이 생길 수도 있습니다. 우리 법은 성범죄 사건에서 가급적 피해자와 가해자가 서로 대면하지 않도록 배려하고 있습니다. 증인으로 법정에 나갔을 때 가림막을 설치한다거나 가해자와 떨어진 별도의 공간에서 증언하게 하는 식이죠. 그래도 불안함이 가시지 않는다면 경찰에 신변보호를 요청할 수 있습니다.

일반적인 고소 방법은 경찰서를 찾아가 고소장을 제출하는 겁니다. 성범죄 역시 경찰서에 고소장을 제출해도 되지만 '해바라기센터'를 이용해도 됩니다. 해바라기센터는 성폭력, 가정폭력, 성매매 피해자에 대한 상담, 의료, 법률, 수사, 심리치료 지원을 제공해 피해자가 위기 상황에 대처할 수 있도록 돕고 있습니다. 해바라기센터는 각 지역에 설치되어 있는데 성범죄 피해를 전문적으로 다루는 곳이니만큼 전문성이 높고, 경찰서보다 부드럽고 편안한 분위기를 제공합니다.

피해자 진술의 중요성과 증거 확보 방법

045

고소에서 중요한 건 피해 사실을 구체적으로 진술하는 것입니다. 피해자 입장에서는 범죄를 다시 떠올리는 게 매우 고통스러울 수밖에 없습니다. 차라리 다 잊고 싶은 마음이 강할 수도 있고요. 하지만 가해자를 처벌하려면 어떤 범죄가 있었는지 수사기관과 법원이 알아야 합니다. 따라서 힘이 들더라도 범죄에 대해 자세히 설명해야 합니다. 특히 성범죄는 보통 두 사람만 있는 은밀한 곳에서 발생하므로 뚜렷한 물증이 남지 않는 경우가 많습니다. 그러니 피해자 진술이 결정적 힘을 발휘하게 됩니다.

얼마 전 '곰탕집 성추행 사건'이 화제가 된 적이 있습니다. A는 2017년 11월 대전의 한 곰탕집에서 일행을 배웅하던 중 옆을 지나던 여성의 엉덩이를 움켜잡은 강제 추행 혐의로 기소되었습니다. 식당에는 CCTV가 있었지만 CCTV로는 A가 피해자를 강제 추행했는지 여부를 알기 어려웠고, 물증도 없었습니다. A의 부인이 억울함을 호소하면서 논란이 일었지만, 결국 A는 유죄 판결을 받았습니다. 뚜렷한 물증은 없었지만 피해자의 진술이 믿을 만하다고 재판부가 판단했기 때문입니다.

이처럼 가해자가 처벌받느냐 그렇지 않느냐는 피해자의 진술에 달려 있다고 해도 과언이 아닙니다. 피해자의 진술이 믿을 수 있는지 판단하는 기준은 구체성과 일관성입니다. 피해 사실을 진술할 때는 가급적 시간 순서에 따라 상세하게 이야기하는 게 좋은데, 고소하기 전에 미리 시간 순서대로 있었던 장소, 시간, 가해자, 주요한 일을 정리해두는 게 유용합니다. 가해자가 한 말이나 특징적인 행동이 있다면 그걸 진술하는 것도 구체성을 높이는 방법이고요.

만약 기억이 잘 나지 않는다면 솔직하게 기억이 나지 않는다고 말해야 합니다. 무리하게 추측성 진술을 했다가 사실이 아닌 것으로 드러나면 피해자의 진술이 전체적으로 의심받을 수 있기 때문이죠.

피해자의 진술만으로도 가해자가 처벌받을 수 있지만, 관련 증거가 뒷받침된다면 피해자의 진술이 더욱 신빙성을 얻게 됩니다. 직접적 증거가 아니라 정황을 보여주는 증거도 도움이 됩니다. 평소 알고 지내던 사람이 가해자라면 사건 전후로 가해자와 주고받은 문자, 통화 사실도 증거로 활용될 수 있습니다. 꼭 문자나 통화 사실이 없었더라도 휴대전화에는 다양한 자료가 포함되어 있으므로 사건 이후 휴대전화를 바꾸지 않는 게 좋습니다. 사건을 목격한 사람이 있다면 목격자 진술을 확보하는 것도 필요합니다. 사건 발생 뒤 병원에서 치료를 받았다면 치료 내역도 중요한 증거로 쓰이고요.

피해가 발생한 뒤 주변 사람에게 그 일에 관해 말한 적이 있다면 그 사람의 진술도 증거가 됩니다. 하지만 성범죄는 누구에게 말하기 곤란해 혼자 끙끙 앓는 경우가 많지요. 이럴 때는 메모를 해두거나 일기를 써 기록으로 남겨두는 것도 좋은 방법입니다. 법원은 각종 증거를 바탕으로 결론을 내리니 무엇이든 증거가 될 만한 것을 제출해야 합니다.

수사는 경찰과 검찰이 하지만, 성범죄 사건에서는 피해자가

해야 하는 일이 많습니다. 그런데 법률이나 소송제도에 대해 잘 모르는 사람들은 사건 대응 과정이 낯설고 어려울 것입니다. 이런 문제를 해결하기 위해 피해자 국선변호인제도가 운영되고 있으니, 가급적 도움을 받아 대응하기를 권합니다.

• 핵심만 정리 •

1. 미투운동이 일어난 지 꽤 지났지만 성범죄는 여전히 근절되지 않고 있습니다. 일반적으로 합의에 근거한 성관계는 죄가 아니지만, 만 13세 미만의 미성년자와 갖는 성관계, 장애가 있는 청소년과 갖는 성관계, 돈을 주고 청소년과 맺는 성관계는 합의 여부와 무관하게 범죄가 됩니다.
2. 가해자 입장에서는 사소한 신체 접촉이라 하더라도 피해자가 성적 모멸감을 느꼈다면 강제 추행에 해당할 여지가 있다는 점을 기억해야 합니다. 성범죄 피해를 당했다면 가해자를 고소해 처벌을 요구할 수 있습니다. 이때 중요한 것은 구체적이고 일관된 진술로 신빙성을 높이는 일입니다. 피해자 진술 외에 다른 증거가 있다면 충분히 확보하는 것이 좋고, 국선변호사의 도움을 받는 것도 유용합니다.

- 서울해바라기센터(http://www.help0365.or.kr): 성폭력, 가정폭력, 성매매 피해자의 상담, 의료, 법률, 수사, 심리치료 지원을 원스톱one-stop으로 제공한다.
- 성범죄자 알림e(www.sexoffender.go.kr): 주변에 성범죄자가 있는지 확인할 수 있다.

4장

〈신과 함께〉
그리고
생활법률

· 아파트에 살면서 지켜야 할 것들 ·
· 반려견 집사라면 반드시 알아야 할 법률상식 ·
· 택배 때문에 일어나는 다양한 문제들 ·
· 내 개인정보는 내가 지킨다 ·
· 계약서를 볼 때 머리가 지끈거린다면? ·

• • •

소방관 자홍(차태현)은 화재사고 현장에서 여자아이를 구한 뒤 목숨을 잃습니다. 그의 앞에 나타난 존재는 저승사자 해원맥(주지훈)과 덕춘(김향기). 두 사람은 자홍이 귀인이라고 치켜세우며 환생을 돕겠다고 하는데, 그들이 자홍을 돕는 것은 1000년 동안 49명의 망자를 환생시켜야 그들도 인간으로 환생할 수 있기 때문입니다. 자홍은 49일 동안 7개의 지옥(살인, 나태, 거짓, 불의, 배신, 폭력, 천륜)에서 재판을 받게 되는데, 그 과정에서 자홍의 과거가 조금씩 드러납니다.

영화 〈신과 함께〉〈죄와 벌〉는 동명의 만화를 리메이크한 작품입니다. 저승이라는 낯선 세계를 화려한 CG로 재현하고, 재판이라는 절차를 차용했다는 특징이 있죠. 〈신과 함께〉는 지금까지 두 편이 제작되었는데, 모두 1000만 명 이상의 관객을 동원해 큰 인기를 끌었습니다.

〈신과 함께〉에서 자홍의 생전 행동에 판단을 내릴 때 '저승법'이 적용되는 것과 유사하게 일상에서 일어나는 다양한 문제에 판단을 내릴 때 '법률'이 적용됩니다. 우리 일상 곳곳에 법은 숨 쉬고 있습니다.

• • •

아파트에
살면서
지켜야 할 것들

고려시대에 유행하던 〈청산별곡〉은 지금까지 전해 내려오는 고려가요입니다. 작품 속 화자는 속세를 떠나 자연을 벗 삼아 살 겠다는 마음을 "살어리 살어리랏다 청산에 살어리랏다"라고 노 래했지요. 오늘날 한국 사람들의 마음을 반영해 〈청산별곡〉을 개사한다면 "살어리 살어리랏다 아파트에 살어리랏다"가 아닐 까 싶습니다. 그 정도로 한국인들의 아파트 사랑은 각별합니다. 통계청에 따르면 전 국민의 51.1퍼센트(2019년 기준)가 아파트에 거주하는 것으로 나타났습니다. 아파트는 안정적인 생활을 보여 주는 하나의 지표처럼 인식되곤 합니다. 이처럼 많은 사람이 아 파트에 살면서 아파트를 둘러싼 법적 분쟁도 끊임없이 발생하고 있습니다.

046

내가 사는 아파트에 문제가 생겼을 때

요즘 가장 인기 있는 아파트는 건축한 지 얼마 되지 않은 신축 아파트일 겁니다. 하지만 새 아파트라고 해서 즐거운 마음으로 입주했는데 아파트 벽에 금이 가 있고 누수가 발생하는 등 상태가 엉망이라면 마음이 많이 상할 수밖에 없겠죠.

아파트도 일종의 물건이라서 하자가 생길 수 있습니다. 그리고 그 하자는 당연히 고쳐달라고 요청할 수 있고요. 아파트 소유자나 거주자는 시공사에 하자 보수를 요구할 수 있는데, 이때 유의해야 할 점은 하자 보수를 책임지는 기간이 정해져 있다는 점입니다. 마감 공사는 2년이고, 난방과 냉방 설비 공사 그리고 창호 공사는 3년, 철골 공사와 방수 공사는 5년입니다.

하자보수를 요청했는데 시공사가 이를 거부하면 어떻게 해야 할까요? 이를 예방하기 위해 '하자보수보증금'이라는 걸 만들어 둡니다. 시공사가 하자를 보수하는 데 드는 비용을 미리 예치해 두는 것이죠. 시공사가 하자 보수를 하지 않는다면 일단 그 돈으로 보수할 수 있습니다.

아파트를 취득하는 방법은 크게 두 가지로 매매와 분양이 있습니다. 아파트를 분양받으려면 주택청약저축에 가입되어 있어야 하는데, 청약저축에 가입되어 있다고 해서 모두 분양받을 수 있는 건 아니죠. 요즘처럼 아파트 분양에 많은 사람이 몰리는 상황에서는 적어도 수십 대 1의 경쟁을 뚫어야 분양을 받을 수 있습니다. 분양에 당첨되어 내 집 마련의 기회를 얻게 된 사람들은 환호성을 지릅니다. 그런데 분양받은 이후 실제로 확인한 아파트가 예상했던 것과 상당히 다른 경우가 있죠.

분양 광고에는 강이나 바다가 훤히 보인다고 나왔는데 실제로는 앞이 막혀 있거나 공장 건물만 보이는 경우, 역세권이라 도보 5분이면 아파트에 도착할 수 있다는 광고를 믿고 입주했는데 도보가 아니라 차를 타고 5분을 가야 하는 경우, 중도금 대출이 가능하다고 해서 분양을 받았는데 대출이 불가능한 경우 등 광고와 실제가 다른 사례는 쉽게 찾아볼 수 있습니다.

다른 사람을 속이는 건 사기이고, 실제와 다르게 생각하는 건 착오(착각)입니다. 계약을 체결하는 과정에서 상대방이 중요한 걸 속이거나 착각에 빠지게 만들었다면 그 계약을 취소할 수 있습니다. 계약을 취소하면 처음부터 계약이 없었던 것으로 되어 그동안 냈던 돈은 돌려받을 수 있고요. 곧 분양 계약을 할 때 알고 있던 내용과 실제가 전혀 다르다면 계약을 되돌릴 수 있는 겁니다. 아파트 분양 계약은 그대로 유지하면서 과장·허위 광고에 대한 책임만 묻고 싶다면 손해배상을 청구할 수 있습니다. 경우에 따라서는 아파트를 건설한 시공사만이 아니라 분양 업무를 담당한 시행사에게까지 책임을 물을 수 있고요.

그런데 계약을 취소하거나 손해배상을 청구하려면 광고 내용과 실제가 아주 많이 다를 뿐 아니라 그 부분이 계약에서 치지하는 비중이 매우 커야 합니다. 사실 상품 광고는 어느 정도 과장될 수밖에 없기에 조그마한 차이까지 법적 책임을 묻는다는 건 너무 과하기 때문이죠. 그럼, 어느 정도로 달라야 할까요?

A는 같은 아파트의 다른 층에 비해 몇천만 원의 돈을 더 주고 최상층을 분양받았습니다. A가 추가 지출을 하면서까지 최상층을 분양받은 건 최상층에게만 다락이 제공되어 마치 복층처럼 활용할 수 있다는 광고 때문이었죠. 그런데 막상 입주해보니 다락은 구조적으로 거의 쓸 수 없는 상태였습니다. 이 사안에서 법원은 시공사에게 손해배상을 하라고 판결했습니다.[37] 만약 다락을 사용할 수 없다는 걸 알았다면 A가 굳이 웃돈까지 주면서 최상층을 분양받지 않았을 거라고 봤기 때문입니다.

047 각종 소음,
고통과 갈등의 씨앗

사람들이 단독주택보다 아파트를 선호하는 주된 이유는 생활하기 편해서일 겁니다. 그러나 아파트에도 단점은 있습니다. 가장 큰 단점이자 고통은 층간소음이 아닐까 싶습니다. 아이들이 쿵쾅거리며 뛰어다니는 소리, 악기를 연주하는 소리, 텔레비전 소리는 그 집에 사는 사람에겐 일상적으로 발생하는 소리겠지만, 다른 층에 사는 사람에겐 큰 고통입니다. 층간소음 문제가 심각해지면 폭력 사태로 비화하고 심지어 강력 범죄가 일어나기도 합니다. 지방법원 부장판사로 근무하던 B는 층간소음 문제로 다툰 이웃의 차량 손잡이에 접착제를 바르고 타이어에 구멍을 냈다가 재물손괴 혐의로 100만 원의 벌금형을 선고받기도 했죠.

생활하다 보면 어느 정도의 소리는 낼 수밖에 없습니다. 그래서 정부는 층간소음 기준을 만들었습니다. 주간(오전 6시~밤 10시) 기준으로 등가소음도가 43데시벨(직접충격 소음) 혹은 45데시벨(공기 전달 소음) 이상이면 층간소음으로 간주합니다.

층간소음이 너무 심하다 싶으면 소음을 유발하는 사람에게 자제를 요청해야 합니다. 우퍼 스피커를 설치하거나 벽을 강하게 치는 일은 하지 않는 게 좋습니다. 잘못하면 역으로 공격당할 수 있습니다. 만약 직접 대면하는 게 껄끄럽거나 큰 분쟁이 생길 것 같은 경우에는 관리사무소나 경비실에 이야기하는 게 낫습니다. 아무래도 당사자끼리 말하는 것보다 제3자가 중재를 시도하면 조금 더 차분하게 사건을 대할 수 있으니까요.

관리사무소나 경비실에서도 일을 해결하지 못하면 국가기관의 도움을 받는 걸 고려해볼 수 있습니다. 층간소음이웃사이센터(1661-2642)에 신고하거나 환경분쟁조정위원회에 조정 신청을 하면 담당자가 현장에 출동해 소음을 직접 측정하기도 하고, 적절한 해결 방안을 마련해주기도 합니다. 이런 해결 방법은 별도의 변호사 비용이 들지 않고 비교적 빨리 마무리된다는 장점이 있습니다. 하지만 이들 기관은 법원과 달리 강제력이 약하다는 단점이 있죠.

아파트 내부 소음만이 아니라 외부 소음도 문제가 되곤 합니다. 도로 옆에 위치한 아파트는 차량 소리나 경적 소리에 많이 시달리는데, 특히 고속도로 옆이라면 문제가 심각할 수 있습니다. 대체로 고속도로와 아파트 사이에 방음벽을 설치해 소음을 차단하곤 하지만, 오래된 아파트에는 방음벽이 설치되지 않은 곳도 있습니다. 이럴 때 아파트 주민들은 도로를 만들고 관리하는 곳에 방음벽을 설치해달라고 요구할 수 있을까요?

사건마다 다를 수 있겠지만 얼마 전 판결을 보면 쉽지 않다는 걸 알 수 있습니다. 경부고속도로 인근 주민들은 한국도로공사에 방음벽을 설치해달라고 요구하며 소송까지 했지만 대법원은 한국도로공사의 손을 들어주었습니다.[38] 고속도로는 교통망의 중요한 축이고 국민 생활의 질을 향상시키는 데 중요한 역할을 하므로, 이미 고속도로가 설치되어 있는 상황에서 아파트에 입주했다면 어느 정도의 소음은 참을 필요가 있다는 게 법원 판결의 요지였습니다.

일조권
048 그리고 층간 흡연

소음 못지않게 흡연 문제도 자주 갈등을 일으킵니다. 담배는 기호식품이라 흡연 여부는 개인의 선택에 달렸지만 연기와 냄새가 다른 사람에게 영향을 준다면 문제가 됩니다. 특히 아파트처럼 밀집된 공간인 경우에는 더 그렇고요.

그래서 국민건강증진법은 금연아파트를 지정할 수 있도록 하고 있습니다.[39] 아파트에 거주하는 세대 가운데 과반수가 동의하면 아파트 복도나 계단, 엘리베이터, 지하주차장을 금연구역으로 지정할 수 있는 것이죠. 금연아파트로 지정되면 금연구역을 알리는 안내표지가 설치됩니다. 당연히 그 구역에서 담배를 피워서는 안 되고, 만약 담배를 피우다 적발되면 10만 원 이하의 과태료가 부과됩니다.[40]

다른 사람과 함께 사용하는 공간이 아니라 자기 집에서 담배를 피우는 건 괜찮을까요? 그렇지 않습니다. 자기 집에서 담배를 피운다 하더라도 환기구나 베란다를 통해 다른 집으로 연기가 퍼져나갈 수 있기 때문입니다. 아파트에서는 다른 입주자에게 피해를 주지 않도록 노력해야 합니다. 만약 이웃이 계속 담배를 피워 고통받고 있다면 관리사무소에 연락해야 합니다. 관리사무소는 사실관계를 확인한 뒤 흡연을 중단하도록 권고할 수 있습니다. 당사자는 관리사무소 권고에 협조해야 하고요.[41]

일조권이 문제가 되는 경우도 있습니다. 햇볕을 제대로 받지 못하면 우울해지기도 하고 여러 면에서 생활이 불편해집니다. 원래 햇볕이 잘 들지 않는 걸 알면서 입주했다면 어쩔 수 없지만, 아파트 옆에 높은 건물이 들어서면서 해가 잘 들지 않는다면 기분이 많이 상하겠죠. 그렇다고 건물을 짓지 못하게 하는 것도 문제입니다. 그래서 법원은 일조권에 관한 기준을 세워두고 있습니다.[42] 기준은 밤이 가장 긴 동지입니다.

동지를 기준으로 오전 9시부터 오후 3시까지 6시간 중 일조시간이 연속해서 2시간 이상 확보되는 경우 또는 동지를 기준으로 오전 8시부터 오후 4시까지 8시간 중 일조시간이 통틀어 4시간 이상 확보된다면, 일조권 침해가 심하지 않다고 보고 있습니다. 만약 이보다 일조시간이 짧다면 상대 건설사나 건물주에게 손해배상을 청구할 수 있습니다.

• 핵심만 정리 •

1. 신축 아파트에 문제가 있으면 시공사에 하자보수를 청구해야 하는데, 공사 사항마다 기간 제한이 있다는 걸 유의해야 합니다. 분양 광고와 심하게 다를 뿐 아니라 그 부분이 생활하는 데 매우 중요한 요소라면 분양 계약을 취소하거나 손해배상을 요구할 수 있습니다.

2. 아파트 층간소음은 대표적인 사회문제이기도 한데, 층간소음이 발생하면 관리사무소나 환경분쟁조정위원회 등에 도움을 요청하는 게 좋습니다.

3. 흡연 문제를 해결하기 위해 주민 동의를 받아 금연아파트로 지정할 수 있습니다. 금연아파트 구역 내에서 흡연할 경우 과태료를 내야 합니다. 자기 집이라 해도 마음대로 흡연할 수 없다는 걸 기억해야 합니다.

• 층간소음이웃사이센터(1661-2642), 중앙환경분쟁조정위원회(http://ecc.me.go.kr/): 층간소음 문제에 관한 도움을 요청할 수 있다.

반려견 집사라면 반드시 알아야 할 법률상식

바야흐로 반려동물의 시대입니다. 농림축산검역본부의 2018년 조사에 따르면, 반려동물 보유 가구 비율은 23.7퍼센트, 가구 수로는 약 511만 가구로 추정됩니다. 가구당 두 명의 구성원이 있다고 가정하면 약 1000만 명이 반려동물과 함께 생활하고 있는 겁니다. 반려동물이 늘어나면서 '반려견 행동 전문가'라는 직업이 각광받고 있고, 유튜브에서는 귀여운 반려동물 동영상이 큰 인기를 누립니다.

반려동물이 증가하면서 각종 사회문제가 발생하고 있고, 이에 따라 법률문제도 파생되고 있습니다. 반려동물은 개, 고양이, 토끼, 앵무새, 기니피그 등 매우 다양한데, 개를 키우는 가구가 많은 점을 고려해 여기서는 반려견 위주로 살펴보겠습니다.

반려견을 데려오는 방법은 크게 두 가지입니다. 하나는 동물보호센터(유기동물보호센터)에서 입양하는 것이고, 다른 하나는 동물판매업소에서 구입하는 것입니다. 동물판매업을 하려면 행정기관에 등록해야 합니다. 길거리나 재래시장에서 종이박스에 동물을 담아 판매하는 장면을 종종 보게 되는데, 이처럼 등록 없이 판매하는 건 엄연히 불법입니다. 이런 행위가 적발되면 동물보호법에 따라 처벌을 받습니다. 대체로 벌금형이 선고되죠.

그러면 반려견을 판매할 때는 무조건 등록을 해야 하는 걸까요? 그렇지는 않습니다. 동물보호법은 '영업'적인 동물 판매 행위를 할 경우 등록해야 한다는 취지입니다. 키우던 강아지가 새끼를 낳아 다른 사람에게 분양하는 것 같은 일회적이고 비전문적인 경우까지 '영업'이라고 보지는 않습니다.

반려견을 구입한 지 얼마 지나지 않아 반려견 건강에 이상이 생긴다면 어떻게 해야 할까요? 공정거래위원회가 만든 〈소비자분쟁해결기준〉을 보겠습니다. 이는 공정거래위원회가 만든 자체 규정이라서 법률처럼 강제력이 있는 건 아니지만 참고할 만한 기준은 됩니다.

구입 후 15일 이내에 반려견이 질병에 걸리거나 죽으면 판매자에게 피해를 보상받을 수 있습니다. 질병에 걸렸다면 판매자가 비용을 부담해서 병을 낫게 한 뒤 다시 소비자에게 인도해야 하고요. 만약 사망했다면 같은 종류의 반려견으로 바꿔주거나 구입비를 돌려주어야 합니다.

집에서 반려견을 키우려면 시장·군수·구청장에게 등록해야 합니다.[43] 등록하도록 한 이유는 동물을 보호하기 위한 것인데, 이렇게 하면 동물을 잃어버렸을 때 쉽게 찾을 수 있고 동물이 버려지는 일도 줄일 수 있습니다. 만약 등록하지 않으면 100만 원 이하의 과태료가 부과될 수 있으니 주의해야 합니다.

반려견은 외출을 좋아합니다. 집에 있을 때는 풀이 죽어 있던 아이도 바깥으로 나가면 활기를 찾고 신이 나서 여기저기 뛰어다니죠. 반려견과 산책하면서 유대를 쌓을 수 있으니 산책은 반려견을 키우는 사람에게는 무척 소중한 시간입니다. 그런데 반려견과 함께하는 외출이 즐거우려면 지켜야 할 게 있습니다. 외출할 때는 반드시 반려견에게 목줄을 채워야 합니다. 아메리칸 핏불테리어처럼 맹견은 입마개도 씌워야 하고요. 동물보호법이 정한 맹견으로는 도사견, 아메리칸 핏불테리어, 아메리칸 스태퍼드셔테리어, 스태퍼드셔 불테리어, 로트와일러가 있습니다.[44]

목줄 같은 안전장치는 다른 사람을 보호하기 위한 장치이기도 하지만, 반려견을 위해서도 필요합니다. 반려견이 뛰어다니다가 자동차에 치이거나 다칠 수 있으니까요. 목줄을 하지 않은 상태에서 돌아다니다 사고가 나면 설령 반려견이 다쳤더라도 손해배상을 받지 못할 가능성이 높습니다.

럭셔리 브랜드 '샤넬'의 수석 디자이너인 칼 라거펠트는 패션계의 거장으로 꼽힙니다. 라거펠트 못지않게 그의 반려묘인 '슈페트shupette'도 화제였는데요. 라거펠트의 슈페트 사랑은 대단해서 슈페트에게 루이비통 캐리어와 은식기를 제공하고 주치의까지 따로 두었다고 합니다. 웬만한 사람보다 더 귀한 대접을 한 셈이죠. 그런데 라거펠트가 2019년 2월 사망하면서 2200억 원에 달하는 그의 막대한 재산을 고양이가 상속받을 수 있는지를 두고 다시 한 번 세간의 관심을 끌었습니다.

이런 일이 한국에서 가능할까요? 반려견을 가족처럼 아끼는 사람들은 반려견에게 재산을 물려주고 싶어할 겁니다. 하지만 현행 법률로는 불가능합니다. 법률상 사람은 두 종류밖에 없기 때문입니다. 첫째는 이효리, 유재석 같은 보통의 사람(자연인)이고, 둘째는 주식회사 삼성전자와 같은 법인입니다. 그럼, 반려견은 어떨까요? 반려견은 자연인도 아니고 법인도 아니죠. 안타깝지만 '물건'으로 취급합니다. 물건이라는 말에 반감을 느끼는 분이 많을 것 같은데, 법률적 관점에서는 그렇다는 이야기입니다.

'사람'만 재산을 가질 수 있는데, 반려견은 사람이 아니니 재산을 가질 수 없고 상속받는 것도 불가능하죠. 하지만 상속과 비슷한 효과를 내는 제도가 있는데, 바로 '신탁信託'입니다. 신탁은 재산을 다른 사람에게 맡기되 맡긴 사람의 뜻에 따라 재산이 처분될 수 있도록 하는 제도입니다. 예를 들어 '유언대용신탁제도'를 이용하면 반려견을 돌봐줄 사람에게 일정한 보수를 주고 재산을 반려견 돌보는 데 쓰도록 설계할 수 있습니다.[45]

'사람'은 피해를 입으면 손해배상을 청구할 수 있지만 반려견은 그렇지 않습니다. 실제 있었던 사례를 살펴볼까요? 어느 단체가 주인으로부터 반려견 두 마리를 위탁받았습니다. 그런데 그 반려견을 유기견으로 착각해 안락사를 시키고 말았죠. 그러자 반려견 주인은 소송을 걸었는데, 사람처럼 반려견이 위자료를 청구하는 '주체'가 될 수 있느냐가 쟁점이 되었습니다. 결론은 '안 된다'였습니다.[46] 위자료는 사람만 청구할 수 있기 때문이죠.

배우 구혜선 씨와 안재현 씨는 결혼 리얼리티 프로그램에 출연하면서 잉꼬부부의 모습을 보였지만, 결국 갈라서게 되었습니다. 두 사람의 결별 과정에서 반려동물도 화제가 되었는데, 구혜선 씨가 SNS에 "안재현이 반려동물을 데려가서 이혼할 수 없습니다"라는 글을 올려서입니다. 부부가 반려견을 함께 키우다 이혼하면 누가 반려견을 데려갈 것인지가 문제가 되곤 합니다.

자녀를 누가 키울지 정하는 건 이혼 소송에서 핵심적인 부분입니다. 원칙은 부부가 합의하는 것이지만, 합의가 되지 않으면 법원이 양육자를 지정해주죠. 하지만 반려견은 다릅니다. 반려견은 법률적으로 '자녀'가 아니기 때문에 법원이 개입하지 않습니다. 그러니 두 사람이 합의를 통해 해결할 수밖에 없습니다.

반려견은 법률상 물건이기는 하지만 일반적으로 말하는 물건과는 차이가 큽니다. 집에 있는 텔레비전과 반려견을 동일선상에 놓고 볼 수는 없죠. 반려견은 살아 있는 생명체이니 함부로 다뤄서는 안 됩니다. 잔인한 방법으로 죽이거나 다치게 하는 학대 행위는 동물보호법에 따라 금지됩니다.

서울 마포구에서 고양이를 잔인한 방법으로 죽인 30대 남성이 재판을 받았는데, 서울서부지방법원은 그 남성에게 징역 6개월의 실형을 선고했습니다. 남성이 범행을 미리 준비했고, 생명을 존중하는 태도를 보이지 않았다는 이유에서였습니다.

051
반려견, 또 하나의 가족

자기 집에서 반려견을 키우는 데에는 문제가 없습니다. 아파트는 관리규약에 따라 다를 수 있지만 요즘은 반려견을 키우도록 하는 게 대체적인 분위기죠. 그런데 다른 사람의 집을 빌려 사는 경우에는 상황이 좀 달라집니다. 특히 임대인(집주인)이 반려동물을 싫어하는 경우 문제가 커집니다. 그러면 집을 구할 때 미리 반려견을 키운다는 사실을 알려야 할까요?

반려견 세 마리를 키우는 A는 집을 구하면서 임대인 B에게 이 사실을 말하지 않았습니다. 두 사람이 임대차계약을 체결하고 A가 B에게 계약금 4000만 원까지 지급하고 난 뒤에야 B는 반려견

의 존재를 알게 되었죠. B는 반려견을 키우는 사람에게 집을 빌려줄 수 없다고 말했고, A는 B가 함부로 계약을 어겼으니 계약금의 두 배인 8000만 원을 돌려주어야 한다고 주장했습니다.

B는 반려견을 키운다는 점을 미리 말하지 않은 A의 잘못이라고 항변했지만, 이 사건에서 재판부는 A의 손을 들어주었습니다. 계약서에 "반려견을 키우면 안 된다"라는 내용이 없고, B가 A에게 그걸 미리 말하지도 않았기 때문입니다. 사회적으로 반려견 키우는 사람이 많을 뿐 아니라 A가 키우는 반려견이 소형견이라는 점도 고려되었습니다.[47] 이 판결 취지에 따르면 반려견을 키운다는 사실을 미리 알릴 필요가 없습니다. 그리고 반려견을 키운다는 이유로 임대인이 집을 비워달라고 요구해도 비우지 않아도 된다는 걸 알 수 있습니다. 하지만 구체적인 사정에 따라(예를 들어, 반려견을 키우면 안 된다는 걸 임대인이 미리 말했거나 반려견이 끼치는 피해가 매우 큰 경우) 다른 판결이 나올 수도 있습니다.

치료를 위해 병원을 찾았다가 더 큰 병에 걸리거나 심지어 사망까지 하는 일이 있습니다. 의료사고 때문인데, 의료사고는 동물병원에서도 일어납니다. 이처럼 동물에게 의료사고가 발생하면 병원에 손해배상을 청구할 수 있습니다. C는 반려견에게 빈뇨·혈뇨 증상이 있어 수의사 D의 동물병원에서 진찰을 받았는데 D는 C의 반려견 증상이 방광염과 방광결석이 아니라고 판단하고 약을 처방했습니다. D가 주는 약을 반려견에게 먹였지만 증상은 더 심해졌고 결국 다른 동물병원에 가서야 방광염과 방광결석을 앓고 있다는 걸 알게 되었죠. 이 사안에서 법원은 수의사 D가 반려견을 적절하게 치료하지 않은 잘못이 있다는 이유로 C에게 손해배상을 해야 한다고 판결했습니다.[48] 손해 액수는 기존에 들어간 치료비와 앞으로 필요한 치료비, 위자료였습니다.

• 핵심만 정리 •

1. 반려견을 키우려면 먼저 등록을 해야 합니다. 그리고 반려견과 외출할 때는 반드시 목줄이나 입마개를 씌워야 합니다.

2. 법률상 반려견은 사람이 아니어서 재산을 상속받을 순 없지만 신탁제도를 이용하면 유사한 효과를 볼 수 있습니다. 반려견은 법률상 물건이지만 보통의 물건과는 다르기에 함부로 학대하면 동물보호법에 따라 처벌됩니다.

3. 반려견을 키운다는 걸 미리 임대인(집주인)에게 알릴 필요는 없지만, 임대인이 반려견 문제를 미리 언급한다면 사실대로 말하고 양해를 구해야 합니다.

택배 때문에
일어나는
다양한 문제들

과거에는 직접 매장을 방문해 물건을 사는 게 일반적이었지만 요즘은 그렇지 않습니다. 온라인으로 물건을 주문하고 택배로 배송받는 경우가 더 흔하죠. 물건을 보낼 때도 마찬가지입니다. 편의점에서 택배로 부치는 것도 가능한 시대가 되었습니다. 택배는 우리 일상과 뗄 수 없는 존재가 되었죠. 특히 코로나19로 비대면이 강조되면서 택배 수요는 더욱 늘어나고 있습니다.

그런데 택배 서비스가 발달함에 따라 그에 따른 분쟁도 증가하고 있습니다. 택배 때문에 일어나는 문제로는 어떤 것들이 있을까요? 공정거래위원회가 작성한 택배 표준약관을 중심으로 알아보겠습니다.

052

택배를 보낼 때
유의해야 할 사항들

비용만 지불하면 모든 물건을 택배로 보낼 수 있을 것 같지만 실제로는 그렇지 않습니다. 현금이나 인화물질 같은 위험한 물건은 택배로 보낼 수 없죠. 또 크기가 너무 크거나(일반적으로 가로·세로·높이 세 변의 합이 160센티미터를 초과하거나 최장변이 100센티미터를 초과하는 경우) 무게가 지나치게 나가는 물건(일반적으로 30킬로그램 내외)은 택배회사가 배송을 거부할 수 있습니다.

금액에 따른 제한도 있는데요. 물건 가액이 300만 원을 넘을 때는 주의해야 합니다. 300만 원이 넘는 물건은 택배회사가 접수를 거절할 수 있고, 설령 물건을 받았다 하더라도 분실되거나 파손되었을 때 손해배상의 한도는 300만 원이 됩니다. 곧 1000만 원짜리 카메라가 택배회사의 잘못으로 분실되더라도 피해당한 사람은 300만 원만 돌려받을 수 있는 것이죠.

택배를 보낼 때 작성하는 서류를 운송장이라고 하는데, 운송장을 잘 작성해야 손해를 피할 수 있습니다. 받는 사람, 보내는 사람, 물품명, 발송일 등을 적는 것은 기본이죠. 특히 운송상의 특별한 주의사항, 예를 들어 잘 깨지거나 상하기 쉬운 것 또는 취급을 주의해야 하는 물건이면 그 사항을 기재하는 게 좋습니다. 유의해야 할 건 물품의 가액입니다.

물품 가액은 문제가 생겼을 때 손해배상 액수를 정하는 기준이 되니 정확하게 기재해야 합니다. 물품 가액이 증가하면 택배 요금도 증가할 수 있어 실제보다 낮게 기재하기도 하는데, 이러면 나중에 손해배상 금액도 줄어듭니다. 만약 운송장에 물품 가액을 기재하지 않는다면 배상 금액은 최대 50만 원입니다.

물건을 택배로 보냈는데 파손되면 난감하기 그지없죠. 택배회사는 요금을 받고 물건을 배송하는 사업을 하고 있으므로, 물건을 안전하게 배송할 책임이 있으니 물건 파손에 대해 책임을 져야 합니다. 그런데 간혹 파손면책을 이유로 모르쇠로 대응하는 회사도 있습니다. 택배를 보낼 때 파손되더라도 택배회사에는 책임이 없다는 점에 고객이 동의했다는 이유로 말입니다.

하지만 이런 식이라면 택배회사가 거의 책임질 일이 없을 테니 매우 불합리합니다. 택배회사가 운송하는 과정에서 주의를 게을리하지 않았다는 점을 증명하지 않는 한 운송물 파손에 따른 손해를 배상할 책임이 있다고 보는 게 타당합니다.[49]

053 택배를 받을 때 조심해야 할 것들

택배 배송이 완료되었다는 문자메시지를 받았는데, 택배 물건을 정작 받지 못한 경험이 다들 한두 번은 있을 겁니다. 특히 요즘처럼 비대면 배송이 활발해진 때에는 그런 일이 발생할 가능성이 더 높아졌죠. 택배 분실은 받는 사람에게 물건을 직접 전달하지 않고 현관 앞이나 경비실에 맡기고 갈 때 주로 발생합니다. 수령자에게 직접 물건을 전달하고 인도확인을 받는 게 택배 배송의 원칙이니, 받는 사람의 동의 없이 임의로 택배 물건을 두고 갔다면 택배회사가 분실에 대해 책임을 져야 합니다. 하지만 수령자가 "집 앞에 놔두고 가세요"라고 요청한 경우에는 택배회사가 배송을 완료한 게 됩니다. 이때는 수령자의 책임이 더 큽니다.

그렇다 하더라도 택배회사에 분실사고를 신고할 필요가 있습니다. 실수로 다른 장소에 배달했을 가능성도 있고, 택배회사와 분실사고에 대한 문제 해결 방안을 논의할 수도 있기 때문이죠. 시간이 많이 지나면 피해 구제가 지연되거나 아예 안 될 수 있으니 가급적 빨리 신고하는 게 좋습니다.

택배의 장점은 편하면서 빠르다는 겁니다. 그런데 택배가 늦게 배송된다면 어떻게 해야 할까요? 이때는 택배회사에 손해배상을 청구할 수 있는데, 그 금액은 "초과일수×운송장 기재 운임액×50퍼센트"입니다. 초과일수 혹은 운임액이 커지면 손해배상 액수가 커질 수밖에 없는데, 손해배상액은 운임액의 200퍼센트라는 한도가 있습니다. 예를 들어, 운임액이 5000원인데 5일을 초과했다면 원래는 1만 2500원(5일×2500원)이 되지만, 운임액의 200퍼센트까지만 배상이 가능하므로 손해배상액은 1만 원이 되는 겁니다. 생일이나 결혼식 같은 특정한 날에 반드시 어떤 물건이 필요한 경우가 있지요? 이렇게 딱 정해진 날에 사용해야 하는 물건에 대해서는 초과일수에 상관없이 운임액의 200퍼센트가 손해배상액이 됩니다.

택배사고가 발생하면 우선 택배회사에 연락해 사고를 접수한 뒤 협의를 통해 피해를 구제받는 게 우선입니다. 그런데도 분쟁이 해결되지 않으면 공정거래위원회가 운영하는 '1372소비자상담센터'와 상담하고 한국소비자원의 피해구제절차를 진행할 수 있습니다.

약관이 지나치게

054 _____

불공정하다면?

택배사고는 주변에서 자주 일어나는 일이지만 피해 액수가 상대적으로 적다 보니 소송까지 가는 경우는 많지 않습니다. 소송이 적으니 판례도 적죠. 그래서 택배사고에 대한 정확한 법리가 확립되었다고 보기 어렵습니다. 그래서 공정거래위원회의 택배 표준약관을 위주로 이야기했는데, 조심해야 할 부분이 있습니다. 공정거래위원회가 만든 표준약관은 말 그대로 모범 약관이라 택배회사들이 사용하는 실제 약관과 다를 수 있습니다. 따라서 분쟁이 생겼다면 해당 택배회사의 약관을 먼저 확인해야 합니다. 보통 택배회사 홈페이지에 약관이 게시되어 있습니다.

'약관約款'은 계약의 한쪽 당사자가 여러 상대와 계약을 체결하기 위해 일정한 형식으로 미리 마련한 계약을 말합니다. 약관도 일종의 계약이고 계약의 내용을 지켜야 하니 약관에 규정된 사항을 소비자도 따라야 합니다. 문제는 약관을 만드는 주체가 사업자다 보니 아무래도 사업자에게 유리하게 작성되는 경향이 있다는 겁니다. 이와 같은 약관의 태생적 한계를 보완하기 위한 법이 '약관의규제에관한법률'(약관법)입니다.

'약관법'은 소비자의 부당한 피해를 방지하기 위해 신의성실의 원칙을 위반해 공정성을 잃은 약관 조항은 무효라는 규정을 두고 있습니다.[50] 곧 상식에 비춰볼 때 지나치게 불공정한 내용은 효력이 없는 것이죠. 만약 택배회사가 만든 개별 약관이 지나치게 불합리하다면 약관법을 근거로 맞설 수 있습니다.

• 핵심만 정리 •

1. 물건 대부분은 택배로 보내는 게 가능하지만 현금처럼 택배 배송이 불가능한 물건도 있습니다. 특히 물건 가액이 300만 원을 넘지 않도록 유의해야 합니다. 또 운송장을 작성할 때는 물건 가액을 정확하게 기재해야 불의의 피해가 없습니다.
2. 택배회사가 임의로 특정 장소에 물건을 두고 갔다가 분실되었다면 택배회사 책임이지만, 고객의 요청에 따라 특정 장소에 두고 갔다면 원칙적으로 택배회사는 할 일을 다 한 셈입니다.
3. 물건 배송이 지연되었을 때는 초과일수와 운임액에 따라 손해배상 액수가 정해집니다.
4. 택배 분쟁이 생기면 택배회사가 만든 개별 약관을 확인해야 합니다. 원칙적으로 약관을 따라야 하지만, 약관이 지나치게 불공정하다면 무효라고 주장할 수 있습니다.

내 개인정보는
내가
지킨다

바야흐로 제4차 산업혁명 시대입니다. 4차 산업혁명의 실체가 무엇인지에 대해서는 의견이 분분하지만, 인공지능AI, 사물인터넷IoT, 클라우드컴퓨팅, 빅데이터 등이 4차 산업혁명의 주요 키워드라는 건 분명해 보입니다. 새로운 시대는 대체로 장밋빛 환상을 제공하지만 그림자도 존재합니다. 가장 대표적인 문제가 바로 개인정보 침해죠.

신기술은 개인에 관한 정보를 쉽게 얻습니다. 검색엔진은 내 관심사가 어디에 있는지 잘 알고 있고, AI 스피커는 내가 집에서 어떤 대화를 나누는지 듣고 있으며, 휴대전화 지도 어플은 내가 어디를 가는지 정확히 파악하고 있습니다. 개인정보가 한곳에 모이다 보니 유출에 따른 피해도 큽니다. 2016년 미국 대선 당시 이용자 8700만 명의 개인정보 유출로 미국 정부기관인 연방 거래위원회FTC는 페이스북에 제재를 가했는데, 페이스북이 내야 하는 제재금이 무려 50억 달러(약 5조 8930억 원)였습니다.

055 개인정보는 말 그대로 나만의 것

개인정보는 헌법적으로도 무척 큰 의미를 지닙니다. 현행 헌법은 1987년 만들어졌는데, 당시에는 개인정보가 지금처럼 중요하게 다뤄지지 않아서 이에 관한 사항이 명시적으로 언급되어 있지는 않습니다. 하지만 헌법재판소는 '개인정보자기결정권'이 헌법상 보장된 기본권이라는 입장입니다.[51] 개인정보자기결정권은 자신에 관한 정보가 언제 누구에게 어느 범위까지 알려지고 또 이용되도록 할 것인지를 정보주체가 결정할 권리, 곧 개인정보 공개와 이용에 관해 스스로 결정할 권리를 말합니다.

개인정보는 말 그대로 '개인'에 관한 정보이고, 회사나 단체에 대한 정보(회사의 주소나 대표 연락처 등)는 개인정보가 아닙니다. 또 법률적 의미의 개인정보는 살아 있는 사람의 정보이고, 사망한 사람에 관한 사항은 개인정보에 포함되지 않습니다.

개인정보는 그 정보를 알고 있으면 누구인지 파악할 수 있는 정보를 말합니다. 구체적으로는 이름, 주민등록번호, 주소, 전화번호, 이메일 주소, 건강 상태, 신체 정보 등이 해당하죠. 그런데 유의할 점은 얼핏 개인정보가 아닌 것처럼 보이지만 법률적으로 개인정보인 것도 있다는 점입니다. 그 정보만으로는 누구인지 알 수 없지만, 다른 정보와 결합해 쉽게 알 수 있으면 개인정보가 되는데, 예를 들어 휴대전화 번호 뒷자리 네 자가 그렇습니다. 실제 있었던 사건을 살펴볼까요?

도박 현장을 발견한 A는 경찰서 지구대에 신고했고, 현장에 경찰관 B가 출동했습니다. 그런데 도박을 하던 사람 중 한 명인 C가 아는 사람일 뿐 아니라 도박 규모가 그리 크지 않아서 B는 C를 비롯한 여러 사람을 훈방 조치하는 것으로 사건을 마무리했습니다. 진짜 문제는 그 뒤에 발생했습니다. 신고당한 C가 경찰관 B에게 신고자 전화번호를 알려달라고 요구한 겁니다. B가 C에게 A의 전화번호 열한 자리를 모두 알려주었다면 의심의 여지 없이 개인정보를 유출한 것에 해당되겠지요. 그런데 B는 C에게 A의 전화번호 뒷자리 네 자만 알려주었습니다. 결국 개인정보 유출 혐의로 재판을 받게 된 B는 끝자리 네 자만으로는 그 사람이 누구인지 알 수 없으니 개인정보를 유출한 게 아니라고 주장했지만 법원의 판단은 달랐습니다.[52] 생일이나 기념일, 개인적으로 의미 있는 숫자를 휴대전화 번호 뒷자리로 사용하는 일이 많고, 이것만으로도 전화번호 전체를 검색할 수 있어 그 정보와 다른 정보를 결합하면 누구인지 알 수 있으므로, 법원은 개인정보 유출이라고 본 겁니다. 경찰관 B는 유죄가 인정되어 징역 6개월(집행유예 1년)을 선고받았습니다.

개인정보를 수집하고 이용하려면 정보주체의 동의를 받아야 합니다. 개인정보의 중요성에 대한 인식이 높아지면서 아무런 동의도 받지 않고 개인정보를 수집하는 경우는 많이 줄어들었죠. 대신 '개인정보활용동의서'를 받는 일이 일반화되었습니다. 그런데 사람들은 귀찮다는 이유로 개인정보활용동의서를 제대로 읽지 않고 서명하곤 합니다. 내 정보를 지키기 위해서는 개인정보활용동의서 내용을 꼼꼼히 확인하는 게 좋습니다. 곧 어떤 정보를 수집·이용하려는 것인지(수집 항목), 목적이 무엇인지(이용 목적), 언제까지 가지고 있을 예정인지(보관 기간) 살펴야 합니다.

개인정보를 수집해 직접 이용하지 않고 다른 사람에게 제공하는 일도 많은데, 이때도 동의가 필요합니다. 개인정보 제공은 업체들이 제휴사업을 할 때 자주 발생합니다. 예를 들어, 여행업체는 신혼여행을 준비하는 사람의 정보를 알면 사업에 활용할 수 있으므로 결혼정보회사의 고객 정보가 유용합니다. 이때 여행업체가 결혼정보회사로부터 정보를 받으려면 정보주체가 정보를 넘겨줘도 된다고 동의해야 하죠. 동의 없이 정보를 넘기면 불법입니다. 예전에 한 유통회사가 경품행사를 하면서 고객의 개인정보를 수집해 보험회사에 판 적이 있습니다. 유통회사는 보험회사에 개인정보를 넘긴다는 사실을 미리 고지하고 고객의 동의를 받기는 했습니다. 그런데 문제는 그 안내문 내용을 1밀리

미터 크기로 인쇄해 사실상 읽을 수 없게 만들었다는 겁니다. 유통회사가 꼼수를 부린 셈인데, 대법원은 이런 식으로 개인정보를 수집하는 건 법에 어긋난다고 판결했습니다.[53]

주민등록번호는 매우 예외적인 경우에만 수집할 수 있습니다. 다른 개인정보는 정보주체가 동의하면 수집하는 데에 별 문제가 없지만, 주민등록번호는 좀 다릅니다. 주민등록번호는 특정한 한 사람과 1대 1로 매칭되는 것이라 본인확인 용도로 많이 활용되지요. 그 사람의 주민등록번호를 알면 그 사람을 사칭할 수도 있으니 주민등록번호 유출은 굉장히 위험합니다. 그래서 주민등록번호를 수집하려면 법에 "주민등록번호를 수집할 수 있다"라는 내용이 있어야 합니다. 그런 법이 없다면 아무리 정보주체가 동의한다 해도 수집할 수 없습니다.

법에서 주민등록번호 수집을 허용하는 대표 사례로는 금융거래가 있습니다. 금융실명법에 따라 금융회사는 고객과 실명

거래를 해야 하는데, 이를 위해서는 본인 여부를 확인해야 하니 통장을 개설할 때 고객의 주민등록번호를 수집할 수 있는 것이죠. 그에 반해 피트니스센터에 등록하려는데 주민등록번호를 알려달라고 요구하는 건 관련 법이 없기 때문에 위법입니다.

마케팅 활동을 할 때도 별도의 동의를 받아야 합니다. 사업가에게 정보는 곧 돈입니다. 전화번호, 이메일 주소 등을 알아야 홍보를 할 수 있기 때문이죠. 하지만 각종 광고 전화, 광고 문자, 광고 메일을 받아야 하는 사람들은 짜증스러울 때가 한두 번이 아닙니다. 그래서 정보통신망법은 고객에게 광고를 전송하려면 마케팅 활동에 관한 동의가 있어야 한다고 규정하고 있습니다.

제품을 싼값에 할인 판매하거나 무료 서비스를 제공하는 프로모션 행사를 자주 볼 수 있는데, 세상에 공짜는 없는 법이라서 혜택을 받으려면 개인정보를 마케팅에 활용해도 좋다는 동의를 해야 하는 경우가 대부분입니다. 그래서 이런 프로모션에 한 번 응모하면 그 뒤에 각종 광고에 시달리곤 합니다. 한편 마케팅 활용에 동의했더라도 그 동의는 언제든 철회할 수 있으므로, 이벤트에 응모해 혜택을 모두 받고 난 다음 동의를 철회해도 됩니다. 광고 공해에 덜 시달리는 방법이지요.

CCTV를 설치해 운영하려면 지켜야 할 사항이 있습니다. 내 집에는 마음대로 CCTV를 설치해도 되지만 공공장소에는 마음대로 CCTV를 설치할 수 없습니다. 누구나 오가는 장소이기 때문입니다. 그래서 개인정보보호법은 범죄 예방이나 수사, 교통 단속, 화재 예방의 목적으로만 CCTV를 설치할 수 있다고 규정하고 있습니다. CCTV를 설치한 사람은 잘 보이는 곳에 안내판을 두어 CCTV를 설치한 목적과 장소, 촬영 범위와 시간, 관리자의 이름과 연락처를 표기해야 합니다. CCTV와 관련해 유의할 사항은 녹화는 되지만 녹음은 안 된다는 점입니다.

057 개인정보를 침해받았을 때 어떻게 대응해야 할까?

개인정보를 함부로 다루는 일은 범죄가 될 수 있습니다. 대표 사례가 개인정보 유출이겠죠. 도박을 하다 적발된 사람에게 신고자의 정보를 제공한 경찰관 사례에서 알 수 있듯, 업무상 알게 된 개인정보를 누설하면 5년 이하의 징역 또는 5000만 원 이하의 벌금에 처해집니다. 그러니 개인정보를 침해당한 사람은 가해자를 처벌해달라고 형사고소를 할 수 있습니다.

그렇다고 개인정보와 관련된 모든 행위가 범죄인 건 아닙니다. 예를 들어 정보주체의 동의를 받지 않고 개인정보를 수집하는 건 법에 어긋나지만 범죄는 아닙니다. 법률적 의미의 범죄는 법률에 '이런 행위를 하면 처벌된다'는 규정이 있어야 하는데, 동의 없이 개인정보를 수집하는 일에 대한 처벌 규정은 없기 때문이죠. 그렇다고 안심해서는 안 됩니다. 동의 없이 개인정보를 수집하면 5000만 원 이하의 과태료를 내야 하니까요. 과태료는 벌금과 달리 형벌은 아니지만, 돈을 내야 한다는 점에서는 벌금과 성격이 비슷합니다. 그리고 그 행위가 범죄는 아니어서 형사고소는 할 수 없지만 민사소송은 제기할 수 있습니다. 개인정보 침해를 이유로 손해배상을 청구할 수 있는데, 안타깝게도 우리 법원은 이를 잘 받아주지 않는 경향이 있습니다.

형사고소나 민사소송 제기와 같은 전통적 방법 말고 다른 방법도 있습니다. 개인정보 침해사고를 당한 사람은 한국인터넷진흥원KISA의 '개인정보침해신고센터'에 신고할 수 있습니다. 소송보다 비용을 아끼고 사건을 빨리 해결하려면 조정도 생각해볼 필요가 있습니다. 개인정보분쟁조정위원회에 조정을 신청하면 조정위원회의 주도 아래 당사자 간 합의점을 모색하게 됩니다.

· 핵심만 정리 ·

1. 개인정보를 활용하는 데 가장 중요한 건 동의입니다. 동의를 받아야 개인정보를 수집하거나 이용할 수 있습니다. 다른 사람에게 정보를 제공할 때도 반드시 동의가 필요합니다. 한편 주민등록번호는 워낙 민감한 정보라서 법률상 규정이 있을 때에만 수집할 수 있습니다.
2. 개인정보를 침해당한 사람은 형사고소나 민사소송을 제기할 수 있고, 신고나 조정 같은 구제수단을 활용할 수도 있습니다.

· 한국인터넷진흥원 개인정보침해신고센터(https://privacy.kisa.or.kr): 개인정보 침해를 신고할 수 있다.

계약서를 볼 때 머리가 지끈거린다면?

　법의 관점에서 보면 일상생활은 계약의 연속입니다. 아침에 버스나 지하철을 타는 행위는 운송계약이고, 편의점에서 물건 사는 일은 물품 매매계약이며, 어플리케이션을 이용해 음악을 듣거나 동영상을 보는 건 콘텐츠 이용계약과 연관이 있습니다. 이처럼 계약 행위와 밀접하게 연관되어 생활하면서도 이를 인지하지 못하는 까닭은 그만큼 그 과정이 자연스러울 뿐 아니라 특별히 법적으로 보이는 행동을 하지 않기 때문이죠. 법률적 행위 가운데 대부분은 꼭 계약서를 작성하지 않더라도 법적으로 유효합니다. 그리고 말로 하는 계약인 '구두계약口頭契約'도 서면계약과 마찬가지로 완전한 계약이죠.

　구두계약이 법적으로 유효하긴 하지만 중요한 계약은 계약서를 작성하는 게 일반적입니다. 말로 하면 기록이 남지 않아 나중에 분쟁이 생길 가능성이 커지기 때문이죠.

일상적으로는 다른 사람의 집을 빌릴 때 사용하는 부동산임대차(전세)계약서, 직장에 취직했을 때 작성하는 근로계약서, 돈을 빌려주거나 빌릴 때 쓰는 금전소비대차계약서 등이 많이 사용됩니다. 이번에는 계약서를 볼 때 어떤 부분을 유의해야 하는지 알아보겠습니다.

058 _____ 계약서를 잘 써야 한다

기업이나 공공기관에서 사무직으로 근무하는 사람들은 계약서 접할 일이 많은 편입니다. 외부 행사를 진행하기 위해 여행사에서 차를 빌려야 할 때, 새로운 사업을 위해 다른 기업과 제휴를 맺어야 할 때, 하도급 업체로부터 물품이나 서비스를 공급받아야 할 때 계약서를 자주 보게 되죠.

계약서를 잘 써야 나중에 법률적 분쟁이 생기는 걸 예방할 수 있습니다. 이건 연예인도 마찬가지인데, 유재석 씨의 출연료 분쟁 사례를 통해 계약서 쓰는 일이 얼마나 중요한지 알 수 있습니다. 유재석 씨는 2010년경 KBS, MBC, SBS의 예능 프로그램에 출연했지만 방송사로부터 출연료 약 6억 원을 받지 못했습니다. 누가 출연료를 가져야 하는지를 두고 유재석 씨의 이전 소속사

(스톰이앤에프)와 유재석 씨 사이에 주장이 엇갈렸기 때문이죠. 이 사건은 지방법원-고등법원-대법원을 거쳐 출연료의 주인이 가려졌는데, 분쟁이 오랫동안 지속된 까닭은 2010년 방송 출연료에 관한 계약서가 없었기 때문입니다. 결국 법원이 유재석 씨의 손을 들어주었고 유재석 씨는 받지 못했던 출연료를 받게 되었지만, 진작 계약서를 제대로 썼다면 소송까지 가는 일은 아마 없었을 것입니다.

계약서를 아예 쓰지 않는 것도 문제지만 부실하게 쓰는 것도 나중에 큰 문제가 될 수 있습니다. 소송을 하다 보면 거의 대부분 계약서가 중요한 증거로 제시됩니다. 그런데 계약서 문구가 불리하게 작성되어 있어 의뢰인에게 그 경위를 물어보면 "계약서를 잘 읽어보지 않고 사인만 해서 내용은 자세히 모른다"라고 말하는 경우가 의외로 많습니다.

설령 그 말이 진실이라 하더라도 그런 주장은 법원에서 잘 먹히지 않습니다. 우리 법원은 계약서 문구를 매우 중시해서 대체로 계약서에 쓰인 내용이 실체적인 사실관계에 부합한다고 취급하기 때문입니다. 예를 들어, 실제로 돈을 빌린 적이 없다 하더라도 "돈 1000만 원을 빌렸다"라는 계약서에 사인했다면 돈을 갚아야 할 가능성이 높습니다. 그러니 계약서에 도장 찍기 전에 그 내용을 꼼꼼히 확인해야 합니다.

마음을 다잡고
계약서를 봐야 하는 이유

계약서가 매우 중요하다는 이야기는 충분히 한 것 같으니, 이제 실전으로 들어가보려 합니다. 계약서를 실제로 작성하거나 상대방이 보낸 계약서를 검토할 때 유의해야 할 사항을 하나씩 살펴보겠습니다.

계약서를 볼 때 가장 중요한 건 마음가짐입니다. 이게 무슨 뚱딴지같은 소리냐고 반문하는 분이 있을 것 같지만, 사실 가장 중요한 내용이라고 생각합니다.

계약서 검토는 변호사의 주된 업무이고, 특히 기업에서 일하는 사내 변호사들은 하루 대부분을 계약서 읽는 시간으로 보낼 때가 많습니다. 그런데 솔직히 고백하자면 계약서 작성과 검토를 늘 하는 변호사들도 계약서를 볼 때면 한숨이 나오곤 합니다. 짧게는 한두 장으로 끝나지만 10장, 20장이 넘어가는 계약서도 많으니 답답함을 느낄 수밖에 없죠. 소설은 분량이 길어도 재미가 있지만 계약서는 그렇지 않거든요.

계약서 내용이나 문구도 쉽지 않습니다. 예를 들어 "수급사업자가 원사업자로부터 지식재산권 등을 유상으로 구입한 경우에 그 대금의 지급은 제22조에서 정한 대금의 지급시기 이후로 한다. 이 경우에 원사업자는 수급사업자에게 지급할 대금에서 지식재산권 등의 대금을 상계할 수 있다" 같은 문장의 정확한 의미를 파악하려면 상당한 주의력이 요구됩니다.

계약서를 보는 게 즐거운 일이 아니고 고단한 일이다 보니 대충 하려는 마음이 생기는 건 자연스러운 일입니다. 하지만 이럴수록 마음을 다잡아야 합니다. 대충 하다 보면 실수하게 되고 결국은 문제가 발생하기 때문이죠. 중요한 사항을 놓치지 않고 계약서 내용을 잘 파악하려면 '계약서를 제대로 보지 않고 덜컥 도장만 찍었다가 큰코다칠 수 있다'는 걸 마음에 새기면서 꼼꼼하게 보겠다는 굳은 결의가 필요합니다.

060 　　　　　　　　　　　　　　　계약서를 볼 때
_____ 유의해야 할 5가지

계약서에서 어떤 부분을 잘 살펴야 하는지 5가지로 구분해 이야기해보겠습니다.

첫째, 계약의 상대방(당사자)을 잘 봐야 합니다. 계약 당사자는 그 계약의 효력이 미치는 주체이기 때문에 매우 중요한 요소입니다. 특히 미성년자나 대리인, 회사와 계약할 때는 당사자 문제를 더욱 신경 써야 합니다. 우리 민법에 따르면 성년(성인)은 만 19세 이상입니다. 만 19세 미만의 미성년자와 계약을 체결하려면 법정대리인(부모)의 동의가 있어야 하죠. 부모의 동의 없이 체결한 계약은 취소될 수 있습니다.

계약서에 당사자로 기재된 사람(A)이 아닌 다른 사람(B)이 오

는 경우도 있는데요. 이때 A를 '본인'이라 부르고 B를 '대리인'이라 하는데, 대리인이 본인을 대리하려면 위임장이 있어야 합니다. 위임장 없이 대리인의 말만 믿고 계약을 체결했다가 계약의 효력에 문제가 발생하는 일이 적지 않습니다.

둘째, 권리와 의무에 유의해야 합니다. 계약서는 많은 내용을 담고 있지만 본질은 계약 당사자들이 해야 할 일들을 정해놓은 겁니다. 권리와 의무는 동전의 양면 같은 것이라서 상대의 의무는 나의 권리가 되고, 나의 의무는 상대의 권리가 됩니다. 물건 매매계약에서 매수인이 물건 대금을 지급해야 할 '의무'를 부담하고, 매도인은 물건 대금을 지급받을 '권리'를 가지는 식이죠. 그 계약에서 내가 해야 할 일은 무엇이고, 상대방에게 요구할 수 있는 게 무엇인지는 반드시 챙겨야 할 부분입니다. 특히 권리나 의무가 돈과 관련된 사항이라면 더욱 유의해야 하지요.

셋째, 의무가 이행되지 않았을 때를 대비해야 합니다. 약속한 사항이 모두 이행된다면 아마 법은 필요 없을지도 모릅니다. 하지만 약속이 제대로 지켜지지 않을 때가 많죠. 그럴 때 법이 작동합니다. 의무를 이행하지 않았을 때는 제재가 가해지는데 대표적인 방식은 돈을 지급하는 것입니다. 계약에서 정한 내용을 지키지 않을 때 내야 하는 돈을 '위약금'이라고 합니다. 위약금은 손해배상 액수를 미리 정해놓은 것으로 볼 수 있습니다. 부동산 거래를 할 때 보통 거래대금의 일정 비율을 계약금으로 지급하는데, 이 계약금이 바로 위약금이기도 합니다. 예를 들어, 3억 원짜리 집을 구매하면서 계약금 500만 원을 지급했는데, 계약을 체결하지 않는 경우에는 계약금을 그냥 날릴 수밖에 없습니다. 그건 실제로 발생한 손해가 500만 원이 아니더라도 손해 액수가 그만큼이라고 미리 정해두었기 때문입니다.

넷째, 기한을 잘 봐야 합니다. 보통 계약에는 의무를 이행해야 할 시기가 정해져 있습니다. 물품 공급계약에는 공급 시기가, 건축 계약에는 건물을 완성해야 할 시기가 정해져 있는 것이죠. 그 기한을 지키지 못했을 때는 그에 대한 손해배상을 하도록 정하는 게 일반적인데, 이런 돈을 '지체상금遲滯償金'이라고 부릅니다. 지체상금은 보통 계약 금액의 일정액(대체로 0.1퍼센트 내외)으로 정해집니다. 얼핏 보면 비율이 적어 큰 문제가 되지 않을 것 같지만 계약 금액이 클수록, 지체된 기간이 길어질수록 지체상금은 매우 크게 증가할 수 있으니 이를 간과했다간 큰코다칠 수 있습니다. 실제로 최근 한 방산업체는 정부 납품이 늦어지면서 100억 원에 육박하는 지체상금을 물어야 했습니다.

다섯째, 계약 기간에 유의해야 합니다. 딱히 기간을 정해놓지 않은 계약도 더러 있지만 대체로 계약 기간을 미리 정해놓습니다. 처음 정해놓은 계약 기간이 종료되었을 때 어떻게 할 것인지는 정하기 나름입니다. 자동으로 계약이 연장되는 방식으로 정할 수도 있고, 따로 연장 계약을 체결하지 않으면 계약이 끝나도록 정할 수도 있습니다. 어떤 방식이 더 나은지는 계약마다 다르므로 계약의 특성을 고려해 협의해야 합니다.

자동 연장 조항이 있는 계약의 경우에는 계약 기간이 끝나는 시기를 잘 챙겨둘 필요가 있습니다. 자동 연장이 되는 대표적인 계약은 주택임대차계약입니다. 임대차 기간이 끝나기 6개월 전부터 1개월 전까지 임대인이 임차인에게 아무런 이야기를 하지 않으면 기존 조건대로 자동으로 2년이 연장됩니다.

• 핵심만 정리 •

1. 생각보다 계약은 우리 일상에 깊숙이 침투해 있고, 계약서도 많이 접하게 됩니다. 계약서를 잘못 쓰거나 제대로 읽지 않으면 나중에 큰 분쟁에 휘말릴 수 있으므로 마음의 준비를 단단히 하고 계약서를 제대로 작성해야 합니다.
2. 미성년자나 대리인과 계약할 때는 법정대리인의 동의나 본인의 위임 여부를 확인하는 게 중요하고, 계약에서 내가 해야 할 의무를 반드시 챙겨야 합니다. 계약이 제대로 지켜지지 않았을 때의 제재인 위약금도 확인해야 하고, 의무를 이행해야 하는 기한과 계약이 지속되는 기간도 신경 써야 합니다.

- 서울중앙지방법원(https://seoul.scourt.go.kr): 주택매매계약서, 금전차용계약서와 같이 일상적으로 자주 사용되는 계약서 양식을 제공한다.
- 공정거래위원회(www.ftc.go.kr): 하도급계약서, 가맹계약서, 유통거래계약서, 대리점거래계약서에 관한 표준계약서를 제공한다.
- 문화체육관광부(www.mcst.go.kr): 방송, 출판, 공연예술 분야의 표준계약서를 제공한다.

5장

〈미생〉과
노동 문제

- 월급 떼어먹는 나쁜 사장님 참교육 방법 ·
- 근로자의 쉴 권리 ·
- 근로자에 대한 보호 ·
- 회사는 나를 함부로 자를 수 없다 ·

장그래(임시완)에게는 바둑이 전부였습니다. 하지만 모두가 이창호처럼 바둑을 잘 둘 수 있는 건 아니어서 프로기사의 꿈을 접고 사회에 발을 내딛습니다. 그가 사회생활을 시작한 곳은 원인터내셔널이라는 무역상사. 과거의 인연으로 계약직 인턴 자리를 얻게 되지만 '낙하산'으로 내려온 그를 보는 주변의 시선은 곱지 않습니다. 다른 동기들에 비해 스펙도, 업무 능력도 턱없이 부족한 장그래. 열심히 노력하는 것만이 장그래가 할 수 있는 최선입니다. 처음에는 장그래를 탐탁지 않게 여겼던 팀장 오상식(이성민)도 시간이 흐를수록 장그래의 진심 어린 열정에 감화되면서 조금씩 마음의 문을 열기 시작합니다.

'미생未生'은 바둑 용어로 "집이나 대마가 아직 완전하게 살아 있지 않은 상태"를 말하는데, '완생完生'과 대비되는 말입니다. 아직 완전히 자리 잡지 못한 사회 초년생들을 상징하는 표현이기도 합니다. 드라마 〈미생〉은 현실감 있는 상황과 대사로 많은 직장인의 공감을 불러일으켰습니다.

장그래가 비정규직으로 회사에서 설움을 겪었듯, 많은 근로자가 일을 하면서 불합리한 상황을 경험합니다. 근로자는 기본적으로 '을乙'의 입장이라 '갑甲'의 위치에 있는 직장 상사나 회사에 제대로 목소리를 내기 어렵습니다. 하지만 마냥 참고만 있을 수는 없습니다. 법은 근로자를 특별히 보호하고 있으므로 필요할 때는 그 무기를 사용해야 합니다.

월급 떼어먹는 나쁜 사장님 참교육 방법

"사장님, 나빠요!"

오래전 유행했던 KBS 개그 프로그램인 〈폭소클럽〉에서 '블랑카'가 자주 내뱉었던 말입니다. 블랑카는 개그맨 정철규가 연기한 외국인 노동자 캐릭터였는데, 외국인 노동자에게 온갖 부당한 요구를 하는 일부 사장님의 행태를 한편으로는 날카롭게, 한편으로는 해학적으로 폭로했습니다.

직업은 자기계발과 자아실현의 수단이지만 그게 전부는 아닙니다. 보통 사람들에게 직업은 생계 수단이죠. 월요일 아침 늦잠을 자고 싶은 마음을 힘겹게 떨쳐내고 만원 버스를 타는 이유도, "나 때는 말이야"로 시작하는 라떼남 상사의 잔소리가 듣기 싫으면서도 경청하는 척하는 이유도, 별것 아닌 일로 진상을 부리는 고객에게 화를 내지 않고 친절하게 대하는 이유도 사실 돈 때문입니다. 돈을 벌어야 밥값도 내고, 월세도 내고, 카드값도 낼 테니까요.

061   임금, 노동의 대가

근로자는 노동의 대가로 임금을 받는데, 근로기준법은 임금 지급에 관한 몇 가지 원칙을 정해두고 있습니다.

임금은 통화(돈)로 지급해야 합니다. 돈이 아니라 회사에서 만든 제품같이 물건으로 주는 건 원칙적으로 금지되어 있죠. 또 임금은 전액을 지급해야 하고 찔끔찔끔 나눠서 주어서는 안 되며, 다른 사람이 아닌 근로자 본인에게 직접 지급해야 합니다.

임금은 보통 한 달에 한 번 줍니다. 그래서 주로 월급이라 부르죠. 아직 월급일이 되지 않았는데 급하게 돈이 필요한 경우에는 어떻게 해야 할까요? 근로자에게는 미리 월급을 달라고 요구할 권리가 있습니다. 항상 가능한 건 아니고 사유가 있는 경우 가능한데, 출산, 질병, 혼인, 사망 등의 사유로 급하게 돈이 필요해서 임금을 달라고 요구하면 사용자(개인적으로 '사용자'라는 표현을 별로 좋아하지 않지만 법률 용어라 그대로 사용하겠습니다)는 근로자에게 임금을 지급해야 합니다.[54]

언론을 통해 '통상임금'이라는 이야기를 많이 들어봤을 겁니다. 여러 기업과 근로자는 통상임금을 어떻게 정할 것인지를 두고 소송을 숱하게 벌였습니다. 통상임금이 문제가 되는 이유는 연장수당, 야간수당, 휴일근로수당, 연차유급휴가수당을 정하는 기준이어서입니다. 예를 들어, 정해진 시간보다 더 많은 시간을 일하면 연장수당을 줘야 하는데, 연장수당은 통상임금의 1.5배입니다. 곧 같은 시간을 일해도 통상임금이 증가하면 연장수당도 증가하는 구조이죠.

통상임금에 포함시켜야 할지 말지 고민스러운 부분은 각종 수당입니다. 월급에는 기본급 말고도 여러 수당이 붙는 경우가 많습니다. 직무수당, 직책수당, 자격수당, 위험수당, 기술수당처럼 이름도, 종류도 갖가지입니다. 이런 수당들을 통상임금에 포함시켜야 하는지를 둘러싸고 사회적 분쟁이 증가한 적이 있는데요. 이에 대법원은 통상임금 기준을 마련했습니다. 정기적으로, 일률적으로, 고정적으로 지급되어야 통상임금에 해당한다는 겁니다. 대법원이 기준을 세운 건 바람직하지만 그렇다고 모든 게 명확해진 건 아닙니다. 사안별로 따져봐야 통상임금인지 알 수 있거든요.

사용자는 가급적 돈을 적게 주려 하고, 근로자는 이왕이면 많은 돈을 받고 싶어 합니다. 그런데 대체로 사용자가 '갑甲' 지위에 있다 보니, 사용자의 입김이 강하게 작용하죠. 당장 일자리가 급한 근로자는 사용자가 주는 대로 받는 일이 많고요. 하지만 먹고살려면 돈이 어느 정도는 있어야 합니다. 그래서 법으로 최소한의 임금은 지급하도록 정하고 있는데, 그게 바로 '최저임금'입니다.

'최저임금제도'는 모든 근로자에게 적용됩니다. 정규직만이 아니라 일용근로자, 파트타임근로자도 최저임금 이상의 돈을 받아야 합니다. 국적이나 나이도 무관해서 외국인이나 미성년자에게도 최저임금보다 낮은 돈을 주어서는 안 됩니다. 다만 수습 직원의 경우는 예외인데, 수습을 시작한 날부터 3개월 이내에는 10퍼센트를 감액해 지급할 수 있습니다.

최저임금은 최저임금위원회에서 정합니다. 최저임금위원회에는 총 27명의 위원이 있는데, 근로자 측 9명, 사용자 측 9명, 공익위원 9명으로 구성됩니다. 대체로는 정부 입장을 대변하는 공익위원들의 의견이 많이 반영되는 분위기입니다. 최저임금은 해마다 정하는데, 2021년 최저임금은 시간당 8720원입니다.

062　임금을 보장하는 제도들

채무자에게 소송을 제기해 승소한 채권자는 판결문을 이용해 채무자의 재산을 가져올 수 있습니다. 이를 '강제집행'이라고 하죠. 채무자의 재산이기만 하면 채권자는 어떤 재산이든 강제집행을 할 수 있는데, 임금은 예외입니다. 임금은 근로자에게 목숨줄과 같은 것이어서 그걸 가져가버리면 생계가 위태로울 수 있죠. 그래서 강제집행할 수 있는 임금을 제한하고 있습니다. 우선 월급이 185만 원 이하이면 강제집행을 할 수 없습니다.[55] 최소한 의 생계를 보장하기 위해서죠. 월급이 185만 원 초과~370만 원 이하라면 185만 원을 넘는 금액만큼, 370만 원 초과~600만 원 이하라면 월급의 절반까지만 강제집행할 수 있습니다.

근로자가 채권자인 경우는 어떨까요? 임금을 받지 못한 근로 자는 사용자의 재산에 강제집행을 할 수 있습니다. 그런데 직원 들 월급을 주지 못할 정도면 이미 빚이 많은 상태일 가능성이 높 습니다. 근로자 외에도 다른 채권자가 많다는 것이죠. 빚은 많고 재산이 별로 없으면 한정된 재산으로 돈을 받아가는 빚잔치를 할 수밖에 없는데, 그러려면 채권자들 순서를 정해야 합니다. 채 권자 중에서 저당권 같은 담보권을 가진 채권자는 일반 채권자 보다 먼저 돈을 받아갑니다. 하지만 근로자의 임금은 특별대우 를 합니다. 아무런 담보가 없다 하더라도 최종 3개월분 임금 채 권은 다른 담보권을 가진 채권자보다 우선합니다. 당장 월급이 없으면 살아가기 힘든 사람이 많다는 걸 고려한 규정입니다. 최 종 3개월분 이외의 임금 채권은 어떨까요? 이 채권은 담보권을 가진 채권자보다는 순서가 밀리지만 다른 채권자보다는 먼저입 니다.

다른 채권과 마찬가지로 임금 채권도 소멸시효가 있습니다. 소멸시효는 권리가 있더라도 일정한 기간이 지나면 권리를 행사 할 수 없게 한 것인데, 임금 채권의 소멸시효는 3년입니다. 임금을 받았어야 할 시점으로부터 3년이 지나면 돈을 받을 수 없는 것입니다. 돈 받을 권리가 있는데도 소멸시효를 놓쳐 돈을 받지 못하게 되는 억울한 일을 피하려면 소멸시효를 중단시키는 절차를 취해야 하는데, 대표 방법은 소송을 제기하는 겁니다.

못 받은 임금 받아내려면

063

근로자에게 일을 시켰으면 당연히 임금을 지급해야 합니다. 그러나 그 상식적인 사항도 지키지 않는 사람이 있습니다. 임금을 받지 못한 근로자가 취할 수 있는 수단 중 가장 일반적인 방법은 노동청에 진정을 하는 겁니다. 직장이 소재한 지역의 노동청을 직접 방문해 진정할 수도 있고, 고용노동부 홈페이지를 통해 온라인으로 진정할 수도 있습니다.

진정이 접수되면 근로감독관이 신고 내용을 조사합니다. 대체로 진정을 낸 근로자와 사용자를 불러서 어떻게 된 일인지 확인합니다. 조사 결과, 임금을 체불한 게 사실로 드러나면 근로감독관은 밀린 임금을 지급하라며 사용자에게 지시합니다. 진정 사건이 끝나면 근로자는 '체불임금 등 확인서'를 발급해달라고 요구할 수 있는데, 해당 확인서는 추후 법적 절차를 거칠 때 중요하게 사용되므로 가급적 받아두는 게 좋습니다.

근로감독관의 지시를 받고 사용자가 돈을 지급하면 상황은 비교적 쉽게 해결됩니다. 하지만 사용자가 끝까지 버티면 문제가 복잡해집니다. 이때는 사용자를 조금 더 강하게 압박하기 위해 형사고소를 고민해봐야 합니다.

임금을 주지 않는 건 도덕적으로 비난받을 만한 행동일 뿐 아니라 범죄이기도 합니다. 곧 근로기준법에 따라 3년 이하의 징역 또는 3000만 원 이하의 벌금에 처해지는 범죄죠. '월급 주지 않았다고 무슨 일 생기겠어?'라고 안이하게 생각할 수도 있지만, 모 기업의 회장은 근로자 10명의 임금 약 3억 원을 체불한 혐의로 재판에 넘겨져 징역 1년의 실형을 선고받기도 했으니, 만만하게 볼 일은 아닙니다.

임금 미지급은 법에서 금지한 행위이긴 하지만 그렇다고 강도, 살인만큼 흉악한 범죄는 아닙니다. 처벌 규정을 두는 건 임금을 주도록 강제하기 위한 성격이 강합니다. 그래서 피해자인 근로자가 처벌을 원치 않는다는 의사를 표시하면 사용자는 처벌받지 않습니다. 그러니 사용자는 이왕이면 임금을 주고 근로자와 합의하는 게 최선입니다.

회사가 망해도
임금 받는 법

064

다른 사람에게 일 시키는 걸 '도급都給'이라고 합니다. 도급은 아주 광범위하게 퍼져 있는데, 특히 건설 현장에서 다반사로 일어납니다. A회사가 발주하고 B회사가 시공을 하는데, 그 아래 여러 하청업체가 있는 식이죠. 실제로 일하는 근로자들은 시공사가 아닌 하청업체 소속인 경우가 많습니다. 그런데 하청업체가 임금을 주지 않으면 그 업체에 일을 맡긴 회사(B회사)에 임금을 달라고 청구할 수 있습니다. 물론 언제나 B회사에 청구할 수 있는 건 아니고, B회사에게 책임이 있어야 합니다. B회사가 하청업체에게 지급해야 할 도급 금액을 주지 않거나, 원자재 공급을 늦게 하거나 공급하지 않는 경우가 대표 사례입니다.

임금을 받지 못했더라도 회사가 망하지 않고 그대로 남아 있다면 그나마 다행입니다. 회사 사정이 어려워 회생이나 파산 절차에 들어갔거나 아예 문을 닫았다면 회사에 돈이 없으니 밀린 임금 받는 게 사실상 어렵습니다. 그렇다고 체념하긴 이릅니다. 이렇게 회사 사정으로 근로자가 받지 못한 돈을 정부가 대신 지급해주는 제도가 있기 때문입니다.

정부가 회사를 대신해 근로자에게 주는 임금, 퇴직금 같은 돈을 '체당금替當金'이라고 합니다. 그런데 받지 못한 돈을 전부 주는 건 아닙니다. 최종 3개월분의 임금, 최종 3년간의 퇴직금 중 일부를 줍니다. 일부라고 표현한 건 체당금에 상한액이 있기 때문입니다.

체당금은 일반체당금과 소액체당금으로 구분됩니다. 일반체당금의 상한액은 연령별로 다른데, 퇴직 당시 30세 이상~40세 미만인 경우에는 상한액이 260만 원입니다(2019년 7월 1일 기준).

그리고 법원의 확정판결이 있어야 청구할 수 있는 체당금을 소액체당금이라고 부르는데, 소액체당금의 상한액은 1000만 원입니다.

• 핵심만 정리 •

1. 임금은 근로 제공의 대가로 받는 돈인데, 출산, 질병, 혼인, 사망 등의 사유로 급하게 돈이 필요하면 임금을 미리 받을 수 있습니다. 통상임금은 연장수당, 야간수당, 휴일근로수당, 연차유급휴가수당을 정하는 기준이 됩니다.
2. 근로자의 안정적 생활을 위해 월급에 대해서는 강제집행이 제한되고, 최종 3개월분의 임금 채권은 다른 담보권을 가진 채권자보다 우선합니다.
3. 임금을 받지 못한 근로자는 노동청에 신고할 수 있습니다. 임금을 주지 않는 것은 범죄이므로 월급을 받지 못하면 형사고소도 가능합니다. 회사가 사라진 경우에는 체당금제도를 활용해 정부에서 돈을 받는 방법을 고민해봐야 합니다.

• 고용노동부 민원마당(https://minwon.moel.go.kr): 임금 체불에 대한 온라인 진정을 할 수 있다.
• 대한법률구조공단(www.klac.or.kr): 임금이 체불되었을 때 법적 도움을 제공한다.

근로자의 쉴 권리

직장인들이 새해 달력을 받고 나서 가장 먼저 하는 일은 아마도 휴일을 확인하는 일일 겁니다. 달력에 빨간색으로 칠해진 날이 많으면 얼굴에 웃음이 가득해지지요. 반대로 공휴일이 일요일과 겹쳐서 실질적인 휴일이 줄어들면 안타까움의 탄식을 하게 됩니다.

기계 혹은 AI는 쉬지 않고 일할 수 있지만, 사람은 적정한 휴식이 반드시 필요합니다. 잘 쉬어야 업무 효율성이 높아진다는 연구 결과도 있으니, 근로자의 휴식은 개인에게나 회사에게나 도움이 됩니다. 그렇다면 법에서는 근로시간과 휴식에 대해 어떻게 규정하고 있을까요?

065

근로시간에 대한 다양한 규율

근로시간은 문자 그대로 근로자가 일하는 시간을 말합니다. 근로자와 사용자가 알아서 근로시간을 정하면 될 것 같지만, 아무런 제약을 가하지 않으면 근로시간이 지나치게 길어질 우려가 있어 근로기준법은 근로시간을 정해놓고 있습니다.

근로시간에는 두 종류가 있습니다. 첫째는 법에서 정한 근로시간인 '법정근로시간法定勤勞時間'입니다. 법정근로시간은 근로자마다 조금씩 다른데, 일반적인 근로자는 하루에 8시간, 일주일에 40시간입니다.

둘째는 '소정근로시간所定勤勞時間'입니다. 소정근로시간은 근로자와 사용자가 정한 시간을 말합니다. 당연히 소정근로시간은 법정근로시간 내에서 정해야 합니다. 소정근로시간은 월급을 시간급으로 환산하기 위해 사용되는 개념입니다. 소정근로시간에 따라 시간급 통상임금이 달라집니다.

근로시간 동안 쉬지 않고 일만 해야 하는 건 아닙니다. 직접적인 일을 하지 않더라도 근로시간에 포함되는 시간이 있습니다. 예를 들면, 판매직 근로자가 고객이 없어 대기하는 시간, 사용자의 지시에 따라 직무 관련 교육을 받는 시간도 근로시간에 포함됩니다.

정해진 근로시간보다 일을 더 하는 걸 '연장근로'라고 하는데요. 연장근로는 근로자가 동의한 경우에만 가능하고, 근로자가 동의하지 않으면 억지로 시킬 수 없습니다. 그리고 근로자와 사용자가 동의했다 하더라도 연장근로는 일주일에 12시간이라는 시간적 제약이 있습니다. 일주일 법정근로시간이 40시간이고 연장근로가 가능한 시간이 12시간이니, 이를 합치면 52시간이 되어 "주 52시간제"라는 말이 생긴 것이고요.

어디에나 예외는 있기 마련이죠. 연장근로에도 몇 가지 예외 사항이 있습니다. 근로자를 보호하기 위해 근로시간에 제약을 두는 건 필요하지만, 지나치게 경직되게 운용하면 부작용이 생길 수 있기 때문입니다. 특례업종(운송업, 보건업 등)에서 근로자 대표와 서면으로 합의한 경우, 갑작스럽게 설비가 고장 나서 이를 수습해야 하거나 업무량이 폭증해 반드시 처리해야 해서 고용노동부장관의 인가를 받은 경우에는 12시간보다 더 긴 시간 동안 연장 근무를 할 수 있습니다.

정해진 근무시간보다 일을 더 하면 더 많은 돈을 받는데, 추가로 받는 돈을 '가산임금加算賃金'이라고 합니다. 가산임금을 받는 경우는 연장근로를 한 경우, 야간근로(오후 10시부터 오전 6시 사이의 근로)를 한 경우, 휴일근로를 한 경우입니다.

연장근로에 대한 가산임금은 통상임금의 50퍼센트 이상입니다. 예를 들어, 시간당 통상임금이 2만 원인 근로자가 4시간 연장근로를 했다면, 4만 원의 가산임금을 더 받는 것이죠.

066

연차는
즐거운 쉼표

근로자는 일 년에 15일간 연차유급휴가를 사용할 수 있습니다. '유급'이란 말에서 알 수 있듯 연차휴가를 사용하더라도 임금(월급)은 그대로 받습니다.[56]

15일의 연차유급휴가를 사용하려면 일 년간 출근율이 80퍼센트를 넘어야 합니다. 출근율은 실제 출근한 날을 소정근로일수(365일에서 휴일을 제외한 날)로 나눠 계산합니다. 그러면 육아휴직을 한 경우에는 어떨까요? 육아휴직 기간도 출근한 것으로 간주합니다. 예를 들어, 2019년 1월 1일에 입사한 근로자가 2020년 1월 1일부터 같은 해 12월 31일까지 일 년간 육아휴직을 사용했다 하더라도 2021년 1월 1일 근로자에게는 15일의 연차유급휴가가 발생합니다.

일 년에 80퍼센트 이상을 출근하려면 최소한 일 년은 근무해야겠지요. 그런데 입사한 지 일 년이 되지 않은 신입사원도 휴가를 사용해야 하는 일이 생길 수 있습니다. 신입사원은 연차를 사용할 수 없을까요? 그렇지 않습니다. 입사 후 일 년 미만의 직원에게는 1개월 개근 시 1일씩 유급휴가가 생깁니다.

근로기간이 늘어나면 연차유급휴가도 늘어납니다. 2년마다 1일씩 증가하니, 10년차가 되면 총 19일(기본 15일+추가된 4일)의 연차유급휴가가 생기죠. 한 회사에 오랫동안 근무했을 때 언게 되는 장점 하나가 바로 상대적으로 긴 연차유급휴가입니다.

연차유급휴가를 언제 사용할지는 근로자가 자유롭게 선택할 수 있습니다. 쉬고 싶거나 개인 사정이 있으면 회사 눈치를 보지 않고 휴가를 낼 수 있는 것이죠. 하지만 예외도 있습니다. 근로자가 원하는 날에 연차유급휴가를 사용하면 사업 운영에 막대한 지장이 있는 경우 회사는 근로자가 원하는 날이 아닌 다른 날에 연차유급휴가를 사용하도록 요구할 수 있습니다.

근로자가 연차유급휴가를 모두 사용하지 않으면 회사는 근로자에게 그 휴가에 대한 보상으로 연차유급휴가 미사용 수당을 지급해야 합니다. 수당을 지급하는 기준은 통상임금인데,[57] 연차유급휴가 미사용 수당을 지급하지 않는 것도 일종의 임금 체불입니다. 하지만 모든 회사가 연차유급휴가 미사용 수당을 지급하지는 않습니다. 그건 '연차휴가사용촉진제도'가 있기 때문입니다. 곧 회사가 근로자에게 연차휴가일수를 알려주고 연차휴가 사용 시기를 정하도록 통보했는데도 근로자가 연차유급휴가를 사용하지 않은 경우에는 회사가 연차유급휴가 미사용 수당을 지급하지 않아도 됩니다. 회사는 연차유급휴가를 쓰도록 독려했지만 근로자가 자발적으로 휴가를 쓰지 않았으니 보상을 하지 않는 것이죠.

연차유급휴가는 근로자의 휴식을 위해 꼭 필요한 제도인데, 안타깝게도 연차유급휴가에 관한 근로기준법 규정이 적용되지 않는 근로자가 있습니다. 상시근로자가 4인 이하의 소규모 회사나 소정근로시간이 일주일에 15시간 미만인 초단시간 근로자에게는 연차유급휴가 관련 규정이 적용되지 않습니다.

• 핵심만 정리 •

1. 근로시간에는 법정근로시간과 소정근로시간이 있습니다. 업무를 위한 대기시간과 필수 직무 교육시간도 근로시간에 포함됩니다. 정해진 근로시간보다 일을 더 한 경우에는 가산임금을 추가로 받습니다.

2. 일 년에 80퍼센트 이상 일하면 15일의 연차유급휴가를 쓸 수 있고, 2년마다 1일씩 연차유급휴가가 늘어납니다. 연차유급휴가를 사용하지 않으면 미사용 수당을 받을 수 있는데, 회사가 연차휴가 사용을 촉진했는데도 근로자가 사용하지 않는 경우에는 미사용 수당을 받을 수 없습니다.

근로자에 대한 보호

눈을 뜨자마자 출근했다가 저녁이 되어서야 퇴근하는 직장인들에게 회사는 하루 중 가장 많은 시간을 보내는 곳입니다. 그러니 회사에 있는 시간이 괴로우면 일상이 고단해지고 행복지수도 낮아질 수밖에 없죠.

회사는 경제활동을 하는 업무공간인 만큼 집처럼 편안하거나 놀이공원처럼 즐거운 곳은 분명 아닐 겁니다. 그렇다고 회사가 근로자의 기본 권리를 무시하고 근로자를 도구로 대한다면 이는 정당화될 수 없을 겁니다. 사회가 발전했다고는 하지만 여전히 회사 또는 회사에서 일어난 일 때문에 극심한 고통을 호소하는 사람들이 있습니다. 이번에는 근로자를 보호하는 법적 장치로 어떤 것들이 있는지 알아보겠습니다.

직장 내 괴롭힘은
엄연한 불법

양진호 전 한국미래기술 회장은 위디스크 같은 웹하드 업체를 운영하던 사업가입니다. 그가 전 직원을 폭행하는 영상이 공개되면서 양 전 회장은 직장 갑질의 대명사가 되었습니다. 그는 회사 워크숍에서 직원들에게 살아 있는 닭을 일본도로 내리치게 하는 등 엽기적 만행도 서슴지 않았죠.

직장 내 괴롭힘은 양 전 회장의 회사에서만 일어나는 것은 아닙니다. 많은 직장인이 직장 내에서 괴롭힘에 시달리고 있는데, 2017년 국가인권위원회 조사에 따르면 73.3퍼센트가 직장에서 괴롭힘 피해를 경험했다고 답했습니다. 직장 내 괴롭힘을 막아야 한다는 사회적 목소리가 높아지면서 국회는 2019년 1월 근로기준법을 개정해 직장 내 괴롭힘을 금지하는 명문 규정을 추가했습니다.

직장 내 괴롭힘은 "직장에서의 지위 또는 관계 등의 우위를 이용하여 업무상 적정 범위를 넘어 다른 근로자에게 신체적·정신적 고통을 주거나 근무환경을 악화시키는 행위"[58]를 말합니다. 쉽게 말해 갑의 지위에 있는 사람이 업무상 필요한 정도를 넘어서 상대방에게 고통을 가하거나 불이익을 주면 직장 내 괴롭힘에 해당하는 겁니다.

직장 내 괴롭힘이 무엇인지 감이 오지 않는 분을 위해 고용노동부가 제시한 사례를 소개하겠습니다. 참고로 고용노동부가 제시한 사례는 말 그대로 하나의 예시이고 절대 기준은 아닙니다.

사례1

은행 임원인 A는 육아휴직 후 복직한 직원 B에게 전에 담당하던 업무인 창구 수신업무가 아닌 창구 안내 및 총무 보조업무를 주었습니다. B를 퇴출시키기 위해 B를 제외한 다른 직원들이 참석한 회의에서 직원들에게 B를 따돌리라고도 지시했습니다.

사례2

의류회사 디자인 팀장 C는 조만간 있을 하계 신상품 발표회를 앞두고 소속 팀원 D에게 새로운 제품 디자인 보고를 지시했습니다. D가 수차례 시안을 보고했으나 C 팀장은 회사의 신제품 콘셉트와 맞지 않는다는 이유로 계속 보완을 요구했고, D는 이 일 때문에 업무량이 늘었으며 스트레스를 받았습니다.

고용노동부는 '사례1'의 경우 직장 내 괴롭힘으로 보았지만 '사례2'는 회사 업무를 수행하는 과정에서 팀장이 팀원에게 지시하는 행위가 업무상 필요하다는 이유에서 직장 내 괴롭힘이 아니라고 판단했습니다.

직장 내 괴롭힘이 발생하면 누구나 그 사실을 회사에 신고할 수 있습니다. 피해자가 직접 신고할 수도 있고, 직접 피해를 겪지 않았더라도 괴롭힘을 목격한 사람이 신고할 수도 있습니다.

신고가 접수되면 회사는 직장 내 괴롭힘이 있었는지 조사해야 합니다. 조사 결과 괴롭힘이 사실로 밝혀지면, 근무 장소를 변경하거나 유급휴가를 주는 등 피해 근로자를 보호하기 위한 조치를 취해야 합니다. 물론 이 보호조치는 피해 근로자가 원해야 가능한 것이고, 일방적으로 근무 장소를 변경해서는 안 됩니다. 또 괴롭힘 발생 사실을 신고했다는 이유로 피해 근로자를 해고하거나 불리한 처우를 해서도 안 됩니다.

068 ──────────────── ## 친분을 가장한 행동도 성희롱이다

성性은 민감하고 예민한 부분입니다. 상대방의 동의 없는 신체 접촉이 범죄라는 건 분명합니다. 그런데 신체 접촉이 없더라도 말로 하는 성희롱도 문제가 될 수 있습니다. 남녀고용평등과일가정양립지원에관한법률은 직장 내 성희롱을 금지하고 있습니다. 성희롱은 말이나 행동으로 성적 굴욕감이나 혐오감을 느끼게 하는 모든 행위를 말합니다. 고용노동부는 성희롱을 육체적 행위, 언어적 행위, 시각적 행위로 구분하고 있는데, 이 가운데 육체적 행위는 단순한 성희롱이 아니라 강제 추행이 될 수도 있습니다. 고용노동부가 제시하는 구체적 성희롱 예시는 다음과 같습니다.[59]

육체적 행위

- 안마를 해준다며 특정 신체 부위를 만지거나 안마를 해달라고 강요하는 행위
- 격려를 핑계로 머리나 등을 쓰다듬거나 엉덩이를 툭툭 치는 행위
- 술에 취해서 부축해준다며 과도하게 신체 접촉을 하는 행위

언어적 행위

- "어제 또 야동 봤지?"
- "○○씨랑 사귄다면서? 어디까지 갔어?"
- "오늘 치마 입고 왔네? 남친이랑 어디 가니? 불금이라고 오늘 외박해?"

시각적 행위

- 모니터로 야한 사진을 보여주거나 바탕화면을 야한 사진으로 해두는 행위
- 야한 사진이나 농담 시리즈를 카톡, 메신저로 전송하는 행위
- 가슴이나 엉덩이, 다리 등 특정 신체 부위를 빤히 쳐다보는 행위

친분에 따른 가벼운 신체 접촉이나 농담이 모두 성희롱은 아닙니다. 피해자가 그 상황을 어떻게 받아들이느냐에 따라 성희롱 여부가 달라집니다. 성희롱 사건에서 가해자는 "성희롱을 할 의도가 전혀 없었다"라고 주장하는 경우가 많은데, 가해자의 의

도와 무관하게 피해자가 불쾌감을 느낀다면 성희롱이 됩니다.

피해자가 명시적인 거부 의사를 표하지 않았다고 성희롱이 용인되는 것도 아닙니다. 직장 내 분위기나 수직적 관계 때문에 적극적으로 거부하는 모습을 보이지 못할 수도 있기 때문이죠.

성희롱 문제에서 성별은 중요하지 않습니다. 성희롱은 남성이 여성에게 하는 경우가 많지만, 반대로 여성이 남성에게 하는 경우도 있습니다. 또 동성 간에도 성희롱이 발생할 수 있습니다. 회사는 성희롱이 발생하는 걸 예방하기 위한 교육을 매년 실시해야 합니다. 성희롱 사건이 발생했을 때 누구라도 신고가 가능하고, 피해자 보호 조치를 해야 하는 건 '직장 내 괴롭힘' 사건과 비슷합니다.

회사 내부에서 문제가 해결되지 않으면 회사 외부의 도움을 받을 수밖에 없습니다. 만약 회사가 성희롱 사건에 제대로 대응하지 않으면 피해자는 지방고용노동청에 진정을 제기할 수 있습니다. 성희롱 문제는 국가인권위원회가 다루는 업무 분야이기도 하니, 국가인권위원회에 구제를 신청할 수도 있습니다. 또 성희롱은 법에 어긋나는 불법행위이므로 성희롱 피해자가 가해자에게 손해배상을 청구하는 것도 가능합니다.

069 _____ 일하다 다쳤을 때

2016년 5월, 서울 지하철 2호선 구의역에서 한 근로자가 사망했습니다. 그는 서울메트로와 계약된 용역업체에서 일하는 스크린도어 수리기사였는데, 열아홉 번째 생일 하루 전에 참으로 안타깝게도 열차에 치어 목숨을 잃고 말았습니다. 일하느라 밥도 제대로 챙겨 먹지 못했던 그는 라면으로 끼니를 때우곤 했는데, 사고 이후 발견된 그의 가방에 컵라면이 들어 있어 많은 이의 마음을 아프게 했습니다.

일하다 보면 부상을 당할 수 있고 심지어 목숨을 잃기도 합니다. 이렇게 일하는 과정에서 발생한 부상, 질병, 장해 또는 사망을 '업무상재해業務上災害'라고 합니다. 만약 업무상재해가 사업주나 회사의 잘못으로 발생했다면 사업주나 회사를 상대로 손해배상을 청구할 수 있습니다. 하지만 사업주나 회사의 잘못이 없더라도 업무상재해가 발생하기도 하는데, 이런 경우에는 사업주나 회사에게 책임을 묻기 어렵습니다.

이런 때를 대비해 '산업재해보험'(이하 산재보험)이 존재합니다. 산재보험은 근로자의 업무상재해를 신속하고 공정하게 보상하기 위한 사회보험입니다. 사업을 하는 사업주는 일부 업종을 제외하고는 원칙적으로 산재보험에 가입해야 합니다. 보험 가입자가 사업주이니 보험료도 사업주가 내야 합니다. 보험료는 사업주가 경영하는 사업의 임금총액에 산재보험료율을 곱한 금액인데, 보험료 징수는 근로복지공단이 담당합니다. 업무상재해가 발생했을 때 근로자(또는 유족)는 보험금을 청구할 수 있는데, 이때 보험금을 지급하는 것도 근로복지공단의 일입니다.

업무상재해에서 주로 문제가 되는 것은 업무상재해의 범위인데, 일반적으로 업무상재해로 보는 건 다음과 같습니다.

- 작업시간 중 사고로 다친 경우
- 작업시간 외의 사고라 하더라도 사업장 내에서 작업과 관련되어 있거나 회사 시설물의 하자로 발생한 재해
- 회사 업무 수행을 위한 출장 중 일어난 재해
- 회사가 주관한 야외 행사 중에 발생한 재해
- 업무와 관련해 발생한 질병

출퇴근 과정에서 재해가 일어나더라도 업무상재해에 해당합니다. 과거에는 회사 차나 회사에서 제공한 차량을 이용하던 중 발생한 사고만 산재보험 보상이 가능했지만, 2016년 9월 법이 개정되어 대중교통이나 자가용을 이용해 출퇴근하는 과정에서 재해가 생기더라도 산재보험 보상이 가능해졌습니다. 단, 출퇴근을 위해 이동하는 중 개인적인 이유로 경로를 벗어나거나 멈추었다가 사고가 난 경우에는 출퇴근 재해로 인정받지 못할 수 있으니 유의해야 합니다.

근로자가 스스로 재해를 발생시킨 경우(자해나 자살)에는 원칙적으로 업무상재해가 아니지만 예외적으로 업무상재해가 인정되는 경우도 있습니다. 일반적으로 도저히 감수하거나 극복할 수 없을 정도의 업무상 스트레스와 그로 말미암은 우울증 때문

에 근로자가 자살했다면 업무상재해에 해당합니다.[60] 이때 업무상재해인지를 가리는 기준은 이렇습니다. 사망한 사람의 나이와 성격, 직위, 업무로 인한 스트레스가 당사자에게 가한 긴장도 또는 중압감의 정도와 지속시간, 당사자의 신체적·정신적 상황과 당사자를 둘러싼 주위 상황, 우울증 발병과 자살 행위의 시기, 그외 자살에 이르게 된 경위, 정신질환 유무와 가족력 등입니다.

> **· 핵심만 정리 ·**
>
> 1. 직장에서 우월적 지위를 이용해 다른 직원을 괴롭히는 '직장 내 괴롭힘'은 근로기준법에서 명백하게 금지하는 불법행위입니다. 직장 내 괴롭힘을 당한 피해 근로자는 회사에 신고할 수 있고, 신고를 접수한 회사는 피해 근로자를 보호하기 위한 조치를 취해야 합니다.
> 2. 직장 내 성희롱도 금지됩니다. 성희롱 여부를 가릴 때는 가해자의 의도보다는 피해자의 주관적 감정을 더 중시합니다. 성희롱은 성별과 무관하니, 친분을 핑계로 부적절한 신체 접촉과 언행을 하지 않도록 주의해야 합니다.
> 3. 업무 중에 다치거나 질병을 얻는 걸 업무상재해라고 하는데, 업무상재해를 겪은 근로자는 근로복지공단에 보험금을 청구할 수 있습니다.

회사는 나를 함부로 자를 수 없다

불금! '불타는 금요일'이란 뜻의 이 단어는 주말을 앞둔 직장인의 신나는 기분을 상징적으로 보여주는 말입니다. 하지만 세상에서 제일 빠른 말은 주말이라는 농담이 있듯 휴일은 눈 깜짝할 사이 지나가고 어느새 월요일이 다가오죠.

직장인이라면 누구나 사직서 하나쯤 품고 다니면서 '이놈의 회사 그만 다닐 수 없나'라는 생각을 하기 마련이지만, 막상 회사를 나간다고 해서 장밋빛 미래가 펼쳐지는 건 아닙니다. 제 발로 나갔다면 본인 선택이니 나을 수 있지만, 해고되어 쫓겨난 경우라면 문제는 심각해집니다. 해고는 한 사람 일상에, 삶에 막대한 영향을 끼칩니다. 그래서 우리 법은 근로자를 함부로 해고할 수 없도록 규정하고 있습니다.

070

이렇게 하면
회사에서 잘릴 수 있다

해고에는 크게 세 종류가 있습니다. 첫째는 통상해고(일반해고)입니다. 근로자의 건강이 악화돼 더이상 일할 수 없는 지경일 때 근로자의 일신상 사유로 해고하는 겁니다. 둘째는 징계해고입니다. 근로자가 잘못을 저질러 잘리는 경우입니다. 셋째는 정리해고입니다. 회사의 경제 사정이 어려워서 모든 근로자를 고용할 수 없을 때 일부 근로자를 정리하는 것입니다. 모든 해고는 다 가슴 아픈 일이지만, 일반적으로 가장 크게 문제가 되는 경우는 징계해고이므로, 여기서는 그 이야기를 더 나누겠습니다.

징계해고를 하려면 당연히 근로자가 잘못을 저질러야 합니다. 회사 입장에서 이야기하면 '정당한 이유'가 있어야 근로자를 해고할 수 있는 것이지 마음대로 자를 수는 없습니다. 문제는 '정당한 이유'가 무엇이냐는 것입니다. 해고 사유가 정당한지 판단하려면 우선 근로계약, 취업규칙, 단체협약을 살펴봐야 합니다. 근로계약은 말 그대로 회사와 근로자가 개별적으로 체결한 계약이고, 취업규칙은 근로자의 근무에 관한 사항과 근로조건에 관해 회사 내부적으로 정해진 규칙이며, 단체협약은 노동조합과 회사가 단체교섭을 통해 합의한 사항을 문서화한 것입니다.

회사마다 사정이 조금씩 다르긴 하지만 근로계약, 취업규칙, 단체협약에 해고 사유를 정해놓습니다. 대개는 취업규칙 등에 해고 사유를 명시해놓곤 하는데, 거기에 적힌 사유가 아닌 다른 사유로 징계해고를 하면 해고는 무효가 됩니다.[61] 하지만 근로계약, 취업규칙, 단체협약이 해고와 관련된 모든 문제를 해결해주는 건 아닙니다. 근로계약, 취업규칙, 단체협약에 규정한 해고 사유가 애매한 경우가 많기 때문입니다. 예를 들어, 취업규칙에 "회사의 이익을 해친 경우 해고할 수 있다"라고 되어 있을 때 무엇이 회사의 이익을 해친 행위인지 정의하기가 참 모호하죠.

결국 해고가 정당한지 판단하려면 각각의 경우를 살필 수밖에 없습니다. 주로 문제가 되는 징계해고 사유에 대해 살펴볼까요?

근로자가 입사할 때 이력서에 기재한 학력, 경력을 속여 채용된 것이 나중에 발각되면 정당한 해고 사유가 됩니다. 예컨대 법학을 전공해서 법을 잘 알 것이라 생각하고 법무팀으로 채용했는데, 알고 보니 법학을 공부한 사실이 없다면 해고될 수 있는 거죠.

회사가 근로자에게 업무지시를 내렸는데 근로자가 이를 거부해 징계를 내렸다면 그 업무상 지시가 정당한지를 먼저 살펴야 합니다. 정당한 업무지시를 따르지 않았다면 해고는 정당하고, 부당한 업무지시라서 따르지 않았다면 해고는 부당합니다. 업무에 문제가 생겨서 시말서를 쓰라고 업무지시를 내렸다면 정당한 걸까요? 만약 시말서가 발생한 사건 내용과 왜 그런 일이 있었는지 보고하는 것이라면 정당합니다. 하지만 잘못을 반성하고 사죄한다는 내용을 넣어 작성하게 한다면 부당한 업무지시에 해당합니다. 헌법은 양심의 자유를 보장하고 있는데, 억지 사죄문이

나 반성문은 양심의 자유를 침해한다고 보기 때문입니다.[62]

근로자의 사생활을 이유로 해고하는 일도 자주 문제가 됩니다. 원칙적으로 사생활 때문에 해고할 수는 없습니다. 예전에 한 은행원이 간통을 저질러 언론에 보도된 적이 있습니다. 해당 은행은 그 직원을 해고했지만 법원은 간통은 사생활이며 회사 업무나 명예에 영향을 미치지 않았다면서 해고가 부당하다고 판단했습니다.[63] 하지만 사생활과 회사 업무가 칼로 무 자르듯 구분되는 건 아닙니다. 도시개발공사 직원이 부동산 투기를 하다가 해고된 사례에서는 법원이 해고가 정당하다고 봤습니다.[64] 도시개발공사가 택지의 개발과 공급, 주택 건설, 관리 등의 업무를 처리하는 곳이라 직원의 투기 행위가 지나치다고 판단한 것입니다.

주요 징계 사유에 대해 몇 가지 사례를 들긴 했지만 해고가 정당한지 가리는 일은 쉽지 않습니다. 근로자의 지위가 무엇인지, 어떤 회사에 소속되어 있는지, 해고 사유로 거론된 일을 하게 된 배경은 무엇인지, 그 일 이후 근로자는 어떻게 행동했는지 같은 여러 요소를 고려해야 해고의 정당성을 판단할 수 있습니다.

해고를 하려면
절차가 중요하다

071

해고 사유 못지않게 절차도 중요합니다. 회사가 근로자를 적법하게 해고하려면 해고 사유와 시기를 근로자에게 통지해야 합니다. 이때 유의해야 할 점은 통지하는 방법이 '말'이 아니라 '서면'이어야 한다는 겁니다. 서면 통지를 하도록 한 이유는 크게 두 가지인데, 하나는 회사가 근로자를 해고하는 데 신중을 기하라는 뜻이고, 다른 하나는 왜 해고하는지 근로자가 명확히 알게 해서 해고에 적절히 대응할 수 있게 하기 위해서입니다.

만약 서면으로 해고 통지를 하지 않고 구두로 한다면 해고는 효력이 없습니다. 설령 해고할 만한 정당한 이유가 있다 하더라도 말입니다. 그만큼 절차가 매우 중요합니다.

그럼, 문자메시지나 이메일은 어떨까요? 이메일은 다소 애매한데, 해고 사유와 해고 시기에 관한 내용이 구체적으로 기재되어 있고 근로자가 해고에 적절히 대응하는 데에 아무런 지장이 없다면 이메일로도 해고 통지가 가능하다는 대법원 판례가 있기는 합니다.[65] 대법원 입장은 이메일도 경우에 따라서는 서면으로 볼 수 있다는 겁니다. 하지만 문자메시지나 SNS를 이용해서는 해고 통지를 할 수 없다는 게 일반적인 해석입니다. 아파트 관리회사가 아파트 관리사무소장에게 카카오톡 메시지로 "소장님은 우선 이번 주까지 근무하는 것으로 하겠습니다"라고 보낸 사례가 있는데, 서울중앙지방법원은 해고 사유와 시기를 서면으로 통지하지 않았다고 보아 해고가 무효라고 판단했습니다.[66]

회사가 해고 절차를 어겼다고 해서 근로자가 회사에 계속 다닐 수 있다고 말하기는 어렵습니다. 절차상 하자는 바로잡을 수 있기 때문이죠.[67] 곧 처음에는 해고 절차를 제대로 지키지 않았

다 하더라도 나중에 적법한 절차에 따라 다시 해고를 통지했다
면 그 해고는 유효합니다.

072 억울하게 해고당했을 때의 구제 수단

억울하게 해고당했다면 크게 두 가지 구제 수단이 있습니다.
첫째는 노동위원회를 이용하는 것입니다. 노동위원회는 노동 문
제를 전문적으로 처리하는 정부기관입니다. 부당하게 해고당한
근로자는 지방노동위원회에 구제를 신청할 수 있는데, 근로자가
구제 신청을 하면 지방노동위원회는 사실조사를 벌인 뒤 그 해
고가 정당한지 여부를 판정합니다. 만약 해고가 부당하면 노동
위원회는 회사에 구제 명령을 내리고, 해고가 정당하다면 구제
신청을 기각합니다. 지방노동위원회의 구제 명령을 회사가 받아
들이면 근로자는 회사로 돌아갈 수 있지만, 지방노동위원회가
구제 신청을 기각하거나 지방노동위원회의 구제 명령을 회사가
받아들이지 않으면 한 번 더 판단을 받아야 합니다.

1차는 각 지역의 지방노동위원회에서 판정을 하고, 2차는 전
국적으로 사건을 처리하는 중앙노동위원회에서 사건을 담당합
니다. 지방노동위원회의 초심 판정과 중앙노동위원회의 재심 판
정이 나왔는데도 분쟁이 끝나지 않으면 법원의 도움을 받을 수
밖에 없습니다. 곧 노동위원회의 판정을 받아들일 수 없는 쪽(회

사 또는 근로자)은 행정법원에 소송을 제기해 법원의 판결을 받을
수 있습니다. 노동위원회의 구제 절차는 법원의 소송과 완전히
똑같지는 않지만 회사와 근로자가 각자의 주장을 법률적으로 펼
쳐야 한다는 점에서는 소송과 유사합니다. 그런데 일반 근로자
는 법을 알지 못해 효과적으로 대응하기 어렵습니다. 경제적으
로 풍족한 근로자라면 사비를 들여 변호사나 공인노무사의 도움
을 받을 수 있겠지만 소득이 비교적 낮은 사회취약계층은 비용
을 마련하기 어려우니까요.

　이런 문제를 해결하기 위해 노동위원회는 '무료법률지원제도'
를 운영하고 있습니다. 형사소송의 국선변호인제도와 비슷한 제
도라고 할 수 있습니다. 근로자가 부당해고구제신청을 할 때 대
리인을 선임해달라고 요청하면 변호사나 공인노무사의 지원을
무료로 받을 수 있는데, 이 제도를 이용하기 위해서는 월평균 임
금이 250만 원 미만이어야 합니다.

둘째로는 노동위원회를 거치지 않고 바로 소송을 제기하는 것입니다. 노동위원회를 거치는 게 나은지, 바로 법원에 소송을 제기하는 게 나은지는 일률적으로 말하기 어렵습니다. 노동위원회 판정을 회사가 받아들이면 노동위원회를 거치는 게 낫겠지만 그렇지 않으면 결국 법원으로 가야 하니 시간을 아끼기 위해 어떤 수단을 사용하는 게 좋을지는 잘 고민한 뒤 결정해야 합니다.

소송을 제기할 때 유의할 사항은 노동위원회의 판정을 받았는지 여부에 따라 소송의 종류가 달라진다는 점입니다. 노동위원회를 거쳤다면 행정소송을 제기해야 하고, 노동위원회를 거치지 않았다면 민사소송을 제기해야 합니다.

• 핵심만 정리 •

1. 해고의 종류는 통상해고, 징계해고, 정리해고가 있는데, 회사가 근로자를 해고하려면 '정당한 이유'가 있어야 합니다. 근로자가 학력, 경력 등을 속인 때는 일반적으로 해고가 정당하지만 업무와 무관한 사생활 문제로는 해고할 수 없습니다.

2. 해고는 절차도 중요한데 해고 사유와 시기를 서면으로 통지하지 않고 구두로 한다면 해고는 효력이 없습니다. 부당 해고를 다투기 위한 방법으로는 노동위원회에 구제 신청을 하는 것과 법원에 소송을 제기하는 것이 있는데, 경제적 여력이 부족하다면 노동위원회가 운영하는 무료법률지원제도를 이용할 수 있습니다. 노동위원회를 거치지 않고 바로 법원에 소송을 제기하는 경우에는 소송의 종류에 유의해야 합니다.

6장

〈부부의 세계〉와
가사 문제

- 혼인을 하면 이런 일이 생긴다 •
- 배우자와 도저히 못 살겠다 싶을 때 •
- 이혼할 때 찾아오는 것들 •
- 상속 문제로 고민이라면? •

. . .

지역 사회에서 인정받는 의사이자 엄마이자 아내인 지선우(김희애)는 말합니다.

"완벽했다. 나를 둘러싼 모든 것들이 완벽했다."

변함없이 자신에게 사랑을 주는 남편 이태오(박해준)와 보기만 해도 든든한 아들 이준영(전진서)은 그녀의 인생을 행복하게 만드는 원동력이었습니다. 직장인 병원에선 부원장으로서 맡은 바 역할을 충실히 해내 신망이 두터웠고, 지역사회에서 평판도 좋았으니 완벽하다 해도 과언이 아니었죠. 하지만 언제까지나 계속될 것 같았던 행복은 이태오의 배신으로 무너집니다. 완벽하다고 생각했던 현실이 실제로 엄청난 착각이었다는 사실을 깨달으면서 그녀는 심하게 흔들리고 절망합니다.

〈부부의 세계〉는 영국 BBC에서 방영된 드라마 〈닥터 포스터〉를 리메이크한 작품입니다. 식상해 보일 수 있는 '불륜'이라는 소재임에도 탄탄한 스토리와 배우들의 명연기에 힘입어 높은 시청률을 기록하며 매 회 큰 화제를 불러일으켰습니다.

〈부부의 세계〉에서는 불륜, 이혼, 폭행과 양육권 분쟁 같은 다양한 법적 싸움이 전개되는데, 현실 세계에서도 똑같은 문제가 나타나곤 합니다. 법은 가정에서도 없어서는 안 되는 모양입니다.

. . .

혼인을 하면
이런 일이
생긴다

동화에 나오는 전형적인 왕자와 공주 이야기는 대강 이렇습니다. 각종 고난을 겪던 공주가 우연히 왕자를 만나 사랑에 빠집니다. 이들의 사랑을 방해하는 세력 때문에 위기를 겪기도 하지만, 결국 두 사람은 사랑의 힘으로 이 모든 고난을 이겨냅니다. 이야기의 마지막은 보통 이렇게 끝나죠.

"두 사람은 결혼해서 행복하게 살았습니다."

하지만 동화와 현실은 엄연히 다릅니다. 동화에서 결혼은 사랑의 완성이지만, 현실에서 결혼은 새로운 생활의 시작이니까요. 또 결혼은 법률적 행위이기도 합니다. 결혼을 하면 법적으로 어떤 효과가 발생하는 걸까요?

일상 용어와 법률 용어에 차이가 있는 경우가 종종 있는데, '결혼'도 마찬가지입니다. 일반적으로 '결혼'이라는 말을 많이 사용하는데, 민법에는 '결혼'이라는 용어가 없고, 대신 '혼인婚姻'이라는 용어가 있습니다. 민법이 굳이 다른 용어를 사용하는 것은 일상적 의미의 '결혼'과 법률적 의미의 '혼인'이 완전히 일치하지 않을 수 있기 때문입니다.

혼인이 유효하려면 두 가지, 곧 혼인 의사와 혼인신고가 필요합니다. 계약이 성립하려면 당연히 양 당사자의 의사가 일치해야 하죠. 매매계약을 맺을 때 물건을 팔겠다는 판매자의 생각과 물건을 사겠다는 구매자의 생각이 일치해야 하는 것처럼요. 법률적 관점에서 보면 혼인도 계약의 일종이므로 두 사람 사이에 진정으로 혼인하겠다는 의사가 합치해야 합니다. 이는 상식적으로 생각해봐도 당연한 이야기입니다. 가끔 열성 팬이 연예인을 향한 마음이 너무 간절해서 일방적으로 혼인신고를 하는 경우가 있는데, 한쪽이 원한다고 혼인이 될 리 없습니다.

얼마 전, 50억 원 상당의 부동산을 가진 재력가 할아버지가 사망하자 그의 재산을 둘러싸고 분쟁이 생긴 적이 있습니다. 그 할아버지가 장기간 병원에 입원하면서 간병인과 혼인신고를 했기 때문입니다. 간병인은 돌아가신 할아버지 재산이 자기 것이라고 주장했지만 법원은 간병인의 주장을 받아들이지 않았습니다. 혼인신고를 할 당시 할아버지의 치매 상태가 심각해서 온전한 판단 능력을 가지고 있지 않았다고 보아서죠. 혼인의 의미를 제대로 알지 못한 상태이니 혼인 의사가 있다고 보기 어려워 무효가 된 겁니다.

혼인 의사만 있다고 해서 법적 혼인이 되는 건 물론 아닙니다. '혼인신고'를 해야 법률적으로 완전한 혼인이 성립합니다. 두 사람이 부부의 연을 맺겠다는 생각을 가지고 있고, 결혼식을 올린 뒤 한 집에서 살며 아이를 낳는 등 일반적으로 보기에 결혼 생활을 유지하고 있다 하더라도 혼인신고를 하지 않으면 법률적 의미의 혼인은 아닌 겁니다.

민법이 혼인신고를 요구하는 것은 신고라는 절차가 있어야 혼인 여부를 명확히 알 수 있어서입니다. 혼인을 하면 다양한 법률적 효과가 발생해서 혼인인지 아닌지 분명하게 가릴 필요가 있는데, 혼인신고만큼 간단하면서도 알기 쉬운 기준이 없기 때문입니다.

혼인신고는 두 사람이 같이 가서 하는 게 일반적이지만, 한 사람이 가서 할 수도 있습니다. 다만, 한 사람이 일방적으로 혼인신고하는 걸 막기 위해 한쪽 혼인 당사자가 신고하는 경우 불출석한 당사자의 의사를 확인하기 위한 방법으로 신분증을 제시하거나 인감증명서를 첨부해야 합니다.[68]

혼인을 하면 무엇이 달라질까?

혼인을 하면 우선 부부는 배우자라는 신분을 얻게 됩니다. 남이었다가 가족이 되는 것이죠. 나와 무관하던 배우자의 친족 역시 결혼으로 인해 나와 관계를 맺게 됩니다. 장인과 장모, 시부모, 처제, 시동생 같이 혼인으로 새롭게 생긴 친척을 '인척姻戚'이라고 합니다. 혼인으로 부부가 되면 각종 의무를 지게 됩니다. 대표적으로는 같이 살아야 하는 동거 의무, 부양이 필요한 배우자를 부양할 의무, 서로 돕고 살아야 할 협조 의무입니다.

바람을 피우지 말아야 할 정조 의무도 중요합니다. 헌법재판소의 위헌 결정으로 간통죄라는 형벌이 사라지긴 했지만, 그렇다고 바람 피우는 게 정당해진 건 아닙니다. 정조 의무 위반은 대표적인 이혼 사유이기도 합니다. 배우자가 정조 의무를 위반한 경우에는 손해배상을 청구할 수도 있습니다.[69] 이때 알아둘 점은 바람을 피운 배우자만이 아니라, 그 상대(상간남 또는 상간녀)가 자신의 배우자가 유부녀 혹은 유부남이라는 걸 알았다면 마찬가지로 손해배상을 해야 한다는 점입니다.

혼인은 경제적인 면에서도 영향을 미칩니다. 흔히 부부 사이의 재산 관계를 "주머닛돈이 쌈짓돈"이라는 말로 표현합니다. 부부는 경제 공동체이기도 해서 남편 돈이나 아내 돈이 명확히 구분되어 있지 않고 섞여 있다는 의미죠. 하지만 법률적으로 따지면 아주 정확한 말은 아닙니다. 민법은 부부 개개인의 재산을 인정하고 있는데, 이를 '부부별산제夫婦別産制'라고 부릅니다. 그래서 결혼 전부터 가지고 있던 고유 재산과 결혼 중 자기 명의로 취득한 재산은 그 사람의 '특유재산特有財産'으로 치며, 부부는 그 특유재산을 각자가 관리, 사용할 수 있습니다.

부부별산제를 채택하고 있으니 부부 사이라고 해서 배우자의 경제 문제까지 모두 책임져야 하는 건 아닙니다. 예를 들어, 남편이 사업을 하려고 거액의 돈을 빌렸는데 결국 사업이 도산했을 때 채권자가 부인을 찾아가서 "남편 빚을 갚으라"고 요구해도 갚지 않아도 되는 것이죠.

물론 부부가 완전히 남은 아니므로 공동 책임을 지는 경우도 있습니다. 부부의 공동생활에 필요한 통상의 일을 '일상가사'라 부르는데, 일상가사로 발생한 채무는 함께 져야 합니다.[70] 어디까지가 일상가사인지는 부부의 직업, 재산, 수입, 생활 수준, 사회적 지위 등에 따라 달라집니다. 대표적으로는 식료품이나 생활용품 구입, 주택의 월세 지급을 일상가사로 볼 수 있습니다.

사실혼 배우자의
075
_____권리와 의무

혼인 의사와 혼인신고 두 가지가 모두 있어야 법률적으로 유효한 '혼인'이 되는데, 이를 '법률혼法律婚'이라고 부릅니다. 그런데 누가 봐도 부부처럼 살고 있지만 혼인신고를 하지 않는 사람도 종종 볼 수 있습니다. 이렇게 부부의 실질을 갖췄지만 혼인신고만 하지 않은 경우를 '사실혼事實婚'이라고 부릅니다.

혼인 여부를 분명하게 하려면 혼인신고라는 절차를 거쳐야 하지만, 혼인신고를 하지 않았다는 이유만으로 완전한 남으로 보는 것도 불합리한 측면이 있습니다. 그래서 민법은 사실혼도 법률혼과 유사하게 취급하고 있습니다. 사실혼 상태의 부부는 법률혼 상태의 부부와 마찬가지로 부부간 동거 의무, 부양 의무, 협조 의무, 정조 의무를 지며, 일상가사 대리권도 인정됩니다. 상대 배우자가 정당한 이유 없이 사실혼 관계를 파기한 경우 그에 따른 정신적·물질적 손해에 대해 위자료와 손해배상을 청구할 수 있는 것이죠. 그리고 두 사람이 공동으로 형성한 재산이 있다면 사실혼 관계가 종료될 때 나눠야 합니다.[71]

사실혼 배우자를 보호하기 위한 각종 제도도 있습니다. 여러 연금에서 유족으로 인정하고 있으므로 보상금, 보험금, 연금 등을 받을 수 있습니다. 예를 들어, A와 B가 사실혼 관계인데, A가 산업재해로 사망한 경우 B가 유족급여를 받을 수 있는 것이죠.

또 배우자의 명의로 주택을 임차해 같이 살던 중 배우자가 상속인 없이 사망한 경우, 그 주택에서 가정공동생활을 하던 사실혼 배우자가 임차인으로서 권리와 의무를 승계합니다.[72] 그러니 배우자가 사망하더라도 집을 비워주지 않아도 됩니다.

이렇게 보면 사실혼과 법률혼이 거의 차이가 없는 것 같지만 양자가 완전히 동일한 것은 아닙니다. 가장 큰 차이는 상속권입니다. 법률혼 배우자는 상속인 자격이 있지만, 사실혼 배우자는 자격이 없어 상속을 받을 수 없습니다.

· 핵심만 정리 ·

1. 법률적으로 유효한 혼인이 되려면 실질적 요건인 혼인 의사와 절차적 요건인 혼인신고가 필요하고, 둘 중 하나라도 없으면 혼인이 성립하지 않습니다.

2. 혼인을 하면 새로운 신분 관계가 형성되고 동거 의무, 부양 의무, 협조 의무, 정조 의무를 지게 됩니다. 부부는 경제 공동체이기도 하지만 우리 민법은 부부별산제를 채택하고 있어 두 사람의 재산을 원칙적으로 분리해 보고 있습니다.

3. 혼인 의사는 있지만 혼인신고만 하지 않은 경우를 사실혼이라고 하는데, 사실혼 배우자는 법률혼 배우자와 유사한 법적 지위를 갖지만, 상속권이 없다는 특징이 있습니다.

배우자와 도저히
못 살겠다
싶을 때

　화려한 의상을 입고 한껏 치장한 모습으로 결혼식장으로 들어서는 신랑과 신부. 그때만 해도 두 사람은 결혼 생활이 행복할 것이라 생각합니다. 하지만 세상일은 마음대로 되지 않는 법이지요.

　불교에서는 중생이 겪는 고통을 '팔고八苦'라 표현합니다. 그 중에서 인간관계와 연관 있는 고통으론 '애별리고愛別離苦'(사랑하는 사람과 헤어져야 하는 괴로움), '원증회고怨憎會苦'(미워하는 사람과 만나거나 살아야 하는 괴로움)가 있습니다. 후자처럼 싫어하는 사람과 한 공간에 살면서 시간을 보내는 것만큼 고통스러운 일도 없을 겁니다. 이럴 때는 차라리 헤어지는 게 낫죠.

076

축복으로 시작한
결혼 생활

예전에는 이혼이 무척 큰일이라고 인식되었지만 요즘은 그렇지 않습니다. 그만큼 이혼이 흔하게 일어나는 일이 된 것이죠. 이혼하는 이유는 다양합니다. 법원이 발간한 〈2018년 사법연감〉에 따르면, 이혼 사유로 성격 차이가 1위(43.1퍼센트)였고 기타(28.4퍼센트), 경제 문제(10.1퍼센트), 배우자 부정(7.1퍼센트), 가족 간 불화(7.1퍼센트), 정신적·육체적 학대(3.6퍼센트), 건강상의 이유(0.6퍼센트) 순으로 나타났습니다.

그러면 사람들은 결혼 후 얼마 만에 이혼할까요? 달리 표현해서 이혼하는 사람들은 평균적으로 어느 정도 같이 살다가 갈라설 결심을 하는 걸까요? 결혼 초반에 헤어지는 사람이 더 많을 것 같지만 실제로는 오랫동안 결혼 생활을 유지하다가 이혼하는 사람의 비중이 더 큽니다. 〈2019년 사법연감〉에서는 이혼하는 사람들의 동거 기간을 비교했는데, 20년 이상 동거한 사람이 가장 큰 비중인 33.3퍼센트를 차지했고, 4년 이하로 동거한 사람은 21.4퍼센트였습니다.

법적 관점에서 보면 결혼도 일종의 계약이니 권리와 의무가 존재합니다. 부부는 같이 살면서 서로 부양하고 협조할 의무를 집니다. 하지만 이혼하면 이런 의무를 이행할 필요가 없습니다. 의무와 함께 권리도 사라집니다. 대표적 권리가 상속권인데, 이혼을 하면 배우자가 사망하더라도 상속을 받을 수 없습니다. 당연히 재혼하는 데에도 아무런 제약이 없습니다. 다만 이혼 기록은 서류에 남습니다. 예전에는 '호적부'라는 게 있어서 "호적에서 파겠다"는 말을 종종 하곤 했죠. 그런데 헌법재판소가 호주제를 위헌이라고 결정함에 따라 호적부는 사라지고 가족관계등록부가 생겼습니다. 가족관계에 관한 증명서로는 가족관계증명서, 기본증명서, 혼인관계증명서, 입양관계증명서, 친양자입양관계증명서가 있는데, 이 가운데 결혼과 관련 있는 증명서는 가족관계증명서와 혼인관계증명서입니다. 가족관계증명서에는 현재 혼인 관계를 유지하고 있는 배우자만 기재되고, 혼인관계증명서에는 이혼에 관한 사항도 기재됩니다.

077 이혼에 이르는 두 가지 방법

이혼하는 방법으로는 크게 두 가지가 있습니다. '협의이혼'과 '재판상 이혼'이죠. 협의이혼은 두 사람이 이혼하기로 합의하고 재산 문제나 양육에 관한 사항에 이견이 없을 때 주로 진행됩니다. 이혼에 합의했다고 해서 곧바로 이혼할 수 있는 건 아닙니다. 순간적인 감정에 휩싸여 이혼하는 걸 막기 위해 '정말 이혼할 생각이 있는지'를 고민하는 '이혼숙려기간離婚熟廬期間'을 두고 있기 때문이죠. 이혼숙려기간은 아이의 유무에 따라 다른데, 아이가 있으면 3개월, 아이가 없으면 1개월입니다. 숙려기간이 지났는데도 이혼 의사가 바뀌지 않았다면 가정법원에서 이혼에 관한 확인서를 작성하고, 행정 관청에 신고하면 이혼 절차가 마무리됩니다.

이혼에 관한 협의가 잘 되지 않는다면 재판을 통해 해결할 수밖에 없는데, 그것이 바로 재판상 이혼입니다. 한 사람은 이혼하려고 하는데 상대가 이혼을 거부하는 경우, 두 사람 모두 이혼에는 동의하지만 재산 분할 문제나 자녀 양육에 관해 생각이 다른경우에 소송을 하게 되죠.

재판상 이혼을 하려면 먼저 가정법원의 조정을 거쳐야 하는데, 이를 '조정전치주의調停前置主義'라고 부릅니다. 조정은 가정법원이 개입해 두 사람이 원만하게 합의할 수 있도록 돕는 절차입니다. 이를 위해 가사조사관은 두 사람의 결혼 생활에 대한 전반적인 사실을 조사하고, 부부를 법원으로 불러 각자의 생각을 물어보기도 합니다.

조정은 유명인들이 선호하는 이혼 방식이기도 합니다. 2019년 7월 세기의 커플로 불렸던 송중기, 송혜교 커플이 이혼했죠. 이들은 조정을 통해 이혼했습니다. 이 외에도 배우 고현정 씨와정용진 신세계 부사장, 이재용 삼성전자 부회장과 임세령 대상그룹 전무도 조정 방식을 택했습니다.

이들은 왜 이혼에 합의했음에도 '협의이혼'을 하지 않고 '재판상 이혼' 절차인 조정을 선택했을까요? 그건 조정이 협의이혼보다 좋은 점이 있기 때문입니다. 협의이혼은 당사자가 법원에 직접 출석해야 하지만, 조정에선 대리인이 출석해도 되므로 세간의 시선을 피할 수 있습니다. 또 협의이혼을 하려면 1~3개월의 숙려기간을 거쳐야 하는데 조정을 선택하면 숙려기간 없이 신속하게 이혼 절차를 마무리 지을 수 있습니다.

조정 절차에서도 문제가 해결되지 않으면 본격적인 소송 절차로 넘어갑니다. 이때부터 치열한 법적 공방이 벌어지죠. 법적 공방이라고 표현하긴 했지만, 조금 더 적나라하게 표현하면 '진흙탕 싸움'이라고 말하는 게 더 적절할 것 같습니다. 원래 소송은 일종의 싸움이라 별의별 이야기가 다 나오면서 상대방을 공격하는 일이 비일비재하죠. 그런데 이혼 소송은 그 정도가 더욱 심합니다.

배우자가 얼마나 몹쓸 사람인지 보여주기 위해 온갖 주장이 난무하지요. 연애 시절에 서운하게 한 일, 상견례 자리에서 있었던 일, 결혼식을 둘러싼 갈등, 명절에 있었던 일 등 결혼 과정에서 겪은 일들이 적나라하게 드러나곤 합니다. 그래서 이혼 소송에 제출되는 서류에는 다른 법률 서류와 달리 매우 감정적인 부분이 많이 담겨 있습니다. 변호사들은 이런 일을 많이 겪어서 감정적 동요가 별로 없는 편이지만, 당사자들은 상대 주장에 많은 상처를 받습니다.

이런 경우에
이혼할 수 있다

재판상 이혼에서 가장 먼저 문제가 되는 건 이혼 사유입니다. 한쪽은 이혼을 원하는데 다른 쪽은 이혼을 원하지 않으면 이혼 사유가 있어야만 이혼이 가능합니다. 그럼, 이혼 사유로는 어떤 것들이 있을까요?

첫째, 배우자가 부정한 행위를 한 때입니다. 부정한 행위를 쉽게 표현하면 '바람을 핀다'는 것인데, 부정한 행위는 성관계를 전제로 간통보다는 넓은 개념입니다. 따라서 꼭 성관계가 확인되어야 부정한 행위가 인정되는 건 아닙니다. 부정한 행위 때문에 이혼하려면 기간에 유의해야 합니다. 부정한 행위가 있었던 날로부터 2년, 부정한 행위가 있었다는 걸 안 날로부터 6개월 이내에 이혼을 청구하지 않으면 이혼이 불가능합니다.

둘째, 정당한 이유 없이 배우자를 '유기遺棄'한 때입니다. 유기는 '버린다'는 의미로, 부부의 의무인 동거·부양·협조 의무를 이행하지 않는 걸 말합니다. 대표 사례는 마음대로 집을 나가서 한동안 돌아오지 않는 경우입니다. 그런데 같이 살지 않는다고 무조건 이혼 사유인 건 아닙니다. 배우자가 아이를 돌보기 위해 아이와 함께 외국에서 지내는 걸 다른 배우자가 동의했다면 유기로 보기 어렵겠죠.

셋째, 배우자에게 심히 부당한 대우를 받았을 때입니다. 여기서 말하는 '심히 부당한 대우'는 폭행, 학대, 모욕 등을 의미합니다. 배우자가 아니라 그 부모(시아버지, 시어머니, 장인, 장모)가 부당하게 대우하는 경우에도 이혼 사유가 됩니다. 또 내가 부당한 대우를 받지 않고, 내 부모가 부당한 대우를 받은 때에도 이혼할 수 있습니다. 부모에게 부당한 행동을 하는 건 내게 하는 것과 비슷하기 때문이죠.

넷째, 그 밖에 혼인을 지속하기 어려운 중대한 사유가 있을 때입니다. 다른 사유와 달리 이는 아주 포괄적 사유인데요. 이렇게 일반적인 규정을 두는 것은 결혼 생활에서 온갖 일이 발생하고 이혼하려는 이유도 갖가지라서 몇몇 경우로 한정하기가 매우 어렵기 때문입니다. 하지만 사소한 일로 이혼하게 되면 사회문제가 될 수 있으니 '중대한 사유'라는 제한을 두고 있는 것입니다. 중대한 사유가 무엇인지는 일률적으로 정하기 어렵습니다. 개별 사안을 살펴봐야 하죠. 법원이 인정한 대표 사례로는 배우자가 중대한 범죄 행위를 저지른 경우, 합리적 이유 없이 성관계를 거부하는 경우, 성적 불능을 숨기고 결혼한 경우, 불치의 정신병이 있는 경우, 신앙생활을 지나치게 하는 경우, 도박에 빠진 경우 등이 있습니다.

이혼을 원하는 사람은 이혼 사유가 있다는 걸 증명해야 합니다. 이를 증명하려면 증거가 필요하죠. 그런데 무리하게 증거를 확보하려다 오히려 화를 입기도 합니다. 특히 배우자의 부정한 행위를 이유로 이혼하려 할 때 불륜 증거를 찾기 위해 불법을 저지르면 역공을 당할 수 있습니다. 홍신소나 심부름센터에 뒷조사를 부탁하는 일, 자동차에 위치추적장치를 설치하는 일, 배우자의 휴대전화를 엿보는 어플을 설치하는 일은 모두 불법입니다. 자칫 형사처벌을 받을 수도 있습니다.

마음이 급하더라도 증거는 합법적인 방법으로 확보해야 합니다. 이혼 소송을 제기하면 여러 경로로 배우자의 생활을 증명하는 수단을 사용할 수 있습니다. 주로 활용되는 자료는 신용카드 결제내역과 휴대전화 통화내역입니다. 이 두 가지만으로도 그 사람이 평소 어떻게 생활했는지 대략 들여다볼 수 있습니다. 예를 들어, 영화관에서 결제한 금액이 2만 8000원이라면 두 사람이 영화를 봤다는 걸 의미하는 식이죠.

이혼 사유와 관련해 가장 논쟁적인 부분은 유책有責 배우자의 이혼청구권입니다. 잘못을 저질러 혼인 관계를 망가뜨린 사람이 이혼을 청구할 수 있는지에 관한 문제인데요. 법조계에서는 잘못이 없는 배우자만 이혼을 청구할 수 있다는 견해(유책주의)와 잘못이 있는 배우자도 이혼을 청구할 수 있다는 견해(파탄주의)가 대립합니다. 파탄주의는 누가 잘못을 저질렀든 이미 결혼 생활이 망가졌기에 억지로 두 사람을 같이 살게 하는 건 가혹하다고 보아 두 사람이 갈라설 수 있게 해야 한다는 주장인데, 꽤 설득력이 있습니다.

하지만 우리 법원은 유책주의를 채택하고 있습니다. 잘못을 저지른 사람이 이혼을 청구할 수 있게 하는 건 혼인제도의 도덕성에 반한다는 이유로 허용하지 않는 것이죠. 결혼 생활을 망쳐놓고 이혼하자는 게 적반하장이라는 겁니다.

이혼할 때 찾아오는 것들

최태원 SK그룹 회장과 노소영 아트센터 나비 관장은 1988년 결혼했습니다. 노소영 씨는 당시 현직 대통령(노태우)의 딸이었고, 최태원 씨는 선경그룹(SK그룹의 전신) 최종현 회장의 아들이었으니, 두 사람의 결합은 세기의 결혼이라 불릴 만했습니다.

그러나 두 사람의 결혼 생활은 최태원 회장이 혼외자가 있다는 사실을 밝히면서 파국을 맞았고 결국 결혼을 정리하는 법적 절차를 밟게 되었습니다. 노소영 씨는 가정을 지키겠다는 입장이었다가 이혼하기로 마음을 바꾸면서 재산 분할을 요청했습니다. 분할을 청구한 재산 규모는 최 회장이 보유한 SK그룹 주식의 42.29퍼센트인데, 2019년 12월 기준으로 그 금액은 1조 3800억 원가량이었습니다.

079

같이 모은 건 나눠 가져야 한다

최태원, 노소영 부부와는 액수에서 큰 차이가 있지만 일반적으로 이혼할 때 배우자에게 재산 분할을 청구할 수 있습니다. 재산 분할 청구 권리를 보장하는 까닭은 혼인을 유지하는 동안 공동으로 만든 재산은 똑같이 나눠야 공평하다고 보기 때문입니다.

재산 분할 대상이 되는 건 두 사람이 협력해서 만든 재산입니다. 결혼하기 전부터 한쪽이 가지고 있던 재산을 '특유재산特有財産'이라 하는데, 특유재산은 분할하지 않아도 됩니다. 예를 들어, 결혼하기 전부터 남편이 집을 소유하고 있었다면 그 집은 남편의 특유재산이니 분할 대상이 아닐 가능성이 높습니다.

공동으로 형성한 재산이 누구 명의인지는 중요하지 않습니다. 공동명의로 하는 경우가 있지만 대체로 한 사람 명의로 두는 일이 많기 때문이죠. 주로 주택, 예금, 주식, 대여금 채권이 분할 대상이 되는데, 채무가 있으면 그 재산에서 공제합니다. 퇴직금이나 연금도 나눠야 합니다. 이미 퇴직금이나 연금을 수령했다면 문제가 간단하지만, 퇴직하지 않은 경우에는 어떨까요? 이혼할 무렵 직장에 다니고 있다면 퇴직금을 받지 않은 상태이니 분할 대상이 아니라고 생각할 수도 있지만, 그렇지 않습니다. 나중에 퇴직하면 받게 될 예상 금액을 기준으로 역시 나눠야 합니다.[73]

재산 분할과 관련해 아마도 가장 궁금한 부분은 '얼마나 분할

할 수 있는지'일 겁니다. 안타깝게도 우리 민법은 분할 액수나 방법에 관해 명시적 기준을 제시하지 않고 있습니다. 수학 공식처럼 명확한 기준이 있으면 간단하겠지만 각 부부마다 사정이 달라 공식으로 만들기는 어렵지요. 원칙은 "재산을 형성하는 데 기여한 비율을 정하고 그 비율에 따라 나눈다"입니다. 하지만 이 역시 모호하긴 마찬가지입니다. 기여 비율을 정할 때 고려하는 요소로는 동거 기간, 두 사람의 평소 소득, 부모로부터 물려받은 재산의 여부, 재산 사용 경위, 재산 증식에 관여한 정도 등이 있습니다.

직접 경제활동을 하지 않은 전업주부라 하더라도 재산 분할을 청구할 수 있습니다. 가사노동도 엄연한 노동이고, 한쪽이 가사를 전담해 다른 한쪽이 직장 생활을 할 수 있었기에 그 가치를 인정하는 것이죠. 일률적으로 말하기는 어렵지만, 동거 기간이 15년을 초과하면 전업주부라 하더라도 50대 50으로 재산을 분할하는 경우가 많습니다.

080

위자료,
돈으로 받는 위로

어느 연구에 따르면, 스트레스 요인 1위는 자녀 사망, 2위는
배우자 사망, 3위는 부모 사망, 4위는 이혼, 5위는 형제자매 사망
이라고 합니다. 이혼이 비교적 흔한 사회 현상이 되긴 했지만 여
전히 매우 고통스러운 일인 것은 분명합니다. 스스로 이혼을 선
택했다면 그나마 나을 수 있는데, 상대 잘못으로 결혼을 유지할
수 없는 경우라면 그 고통이 더 클 수밖에 없죠. 그러니 잘못을
저지른 사람은 피해자에게 손해를 배상해야 합니다. 그 손해배
상액을 '위자료慰藉料'라 부릅니다.

위자료와 재산 분할은 돈과 관련되었다는 공통점은 있지만,
엄밀히 말하면 별개입니다. 위자료는 정신적 고통을 위로하는
게 목적이고(꼭 이혼 소송이 아니더라도 정신적 손해를 입었다면 위
자료를 청구할 수 있습니다), 재산 분할은 같이 모은 재산을 기여도
에 따라 나누는 게 목적이니까요.

위자료는 이혼의 원인을 제공한 사람에게 청구하는 것입니다.
보통은 배우자가 그 대상이 되지만 배우자 이외의 사람에게 위
자료를 청구할 수도 있습니다. 만약, 남편이 다른 여성과 불륜을
저질러 이혼하게 되었다면, 그 내연녀에게도 책임이 있으니 위
자료를 청구할 수 있는 것이죠. 마찬가지 원리로 배우자의 부모
가 폭행, 모욕, 학대를 일삼아 결혼이 깨졌다면 그 부모에게 위자

료를 요구할 수 있습니다.

재산 분할에 관한 명확한 기준이 없는 것과 마찬가지로 위자료를 정하는 데에도 명확한 기준이 없습니다. 하지만 법원이 위자료를 정할 때 고려하는 요소는 정해져 있습니다. 첫째 이혼에 이르게 된 경위와 정도, 둘째 혼인관계 파탄의 원인과 책임, 셋째 당사자의 재산 상태와 생활 정도, 넷째 당사자의 연령과 직업 등입니다.[74] 우리 법원은 위자료에 인색한 경향이 있어 위자료로 인정되는 금액이 크지 않은 편입니다. 이혼에 따른 위자료는 보통 500만 원에서 5000만 원 사이입니다. 한국경제연구원의 조사에 따르면, 평균 위자료 액수는 2600만 원이라고 합니다.

081 　　　　　　　　　　이혼을 해도
　　　　　　　　　　　　부모는 여전히 부모

이혼을 하면 부부였던 두 사람은 법적으로 남이 됩니다. 부부 관계는 비교적 쉽게 정리할 수 있지만 부모와 자녀 관계는 그렇지 않죠. 부모가 이혼하더라도 자녀는 여전히 자녀입니다. 특히 나이가 어리다면 아직 돌봄이 필요하고요.

부모는 친권을 갖습니다. 친권은 권리이면서 의무인데요. 부모가 미성년자인 자녀를 가르치고 돌보고 키워야 하며, 그 과정에서 자녀에 관한 사항을 결정할 권리를 포괄하는 것이죠. 양육권은 미성년인 자녀를 부모의 보호 아래 양육하고 교양할 권리를 말하는데, 엄밀한 의미에서 친권과 양육권은 구분되지만 친권의 본질적 내용이 양육권이니 비슷한 개념으로 봐도 무방합니다.

이혼하는 경우에는 아이 키우는 사람(양육자)을 정해야 합니다. 부모가 서로 아이를 키우겠다고 주장하는 일이 많은데, 법률상으로는 양육자를 공동으로 지정하는 것도 가능합니다. 하지만 실무적으로 볼 때 공동으로 양육자가 지정되는 경우는 거의 없습니다. 두 사람이 합의하지 못하면 법원이 강제로 양육자를 정할 수밖에 없습니다.

양육자를 정하는 기준은 자녀의 복리(행복)입니다. 누구와 함께 사는 것이 자녀에게 가장 좋고 자녀가 올바르게 자라는 데 도움이 되는지를 고민해 법원이 결론을 내립니다. 구체적 고려 요소로는 자녀의 연령과 성별, 자녀의 의사(누구와 살고 싶어 하는지), 부모와 자녀의 유대관계, 부모의 경제력, 부모의 평소 생활태도 등입니다. 나이가 어릴수록 아버지보다는 어머니의 손길이 많이 필요합니다. 그래서 양육자로 어머니가 지정되는 비율이 더 높습니다. 대략 70~80퍼센트 정도입니다.

혼인관계를 누가 파탄시켰는지와 아이를 누가 키울지는 다른 문제입니다. 물론 잘못한 사람보다는 잘못을 저지르지 않은 사람이 양육자로 지정될 가능성이 더 높지만, 반드시 그런 것도 아닙니다. 잘못을 저지른 배우자가 양육자로 지정되는 경우가 약 20퍼센트 정도 되니까요. 부모의 경제 상황도 양육자 지정의 고려 요소이긴 하지만 절대 요소는 아닙니다. 특별한 소득이 없는 전업주부라 하더라도 양육자로 지정되는 비율이 약 70퍼센트에 이릅니다.

자녀는 부모의 사랑으로 자랍니다. 하지만 돈도 필요하죠. 직접 양육하지 않더라도 부모는 부모이니 양육비를 부담해야 합니다. 양육비를 얼마로 정할지는 대략적인 기준이 있습니다. 부모의 소득과 자녀의 나이에 따라 다른데, 부모의 합산 소득(세전)이 400~500만 원이고, 자녀 나이가 0~2세라면 약 100만 원 정도입니다. 부모의 소득이 높을수록, 자녀의 나이가 많아질수록 양육비 기준 금액은 증가합니다. 물론 이는 하나의 기준에 불과하므로, 구체적인 사정에 따라 실제 양육비는 달라질 수 있습니다. 예를 들어, 아이에게 질병이 있어 병원 치료비가 많이 필요하다면 양육비는 증가합니다.

양육비를 줄 돈이 충분히 있는데도 지급하지 않는 사람도 적지 않습니다. 그래서 양육하는 쪽이 어려움을 겪곤 하죠. 이 문제를 해결하기 위한 기관으로는 '양육비이행관리원'이 있으니, 양육비를 지급받지 못해 힘든 상황이라면 이곳에 도움을 요청할 수 있습니다.

자녀를 키우지 않는 부모는 양육비를 지급해야 할 '의무'가 있습니다. 하지만 '의무'만 있는 건 아니고 '권리'도 있습니다. 바로 자녀를 만날 권리입니다. 자녀와 연락하고 자녀를 만나 이야기할 수 있는 권리를 '면접교섭권面接交涉權'이라고 부릅니다. 면접교섭을 어떻게 할지는 정하기 나름입니다. 만나서 밥을 먹을 수도 있고, 전화나 이메일로 연락할 수도 있고, 자녀가 양육하지 않는 부모의 집에서 자고 올 수도 있습니다.

얼마나 자주 만날지는 두 부모가 협의해 정할 수 있는데, 합의가 되지 않으면 법원이 정해줍니다. 면접교섭권을 얼마나 인정할지도 가정마다 차이가 있지만, 대체로 법원은 양육하지 않는 부모가 한 달에 한 번 정도, 그리고 한 번 만날 때 최소한 3~4시간 정도는 같이 있도록 하고 있습니다.

• 핵심만 정리 •

1. 부부는 많은 걸 함께합니다. 따라서 이혼할 때 정리할 것도 많습니다. 제일 먼저 정리할 것은 공동으로 모은 재산입니다. 명의와 상관없이 함께 모은 재산은 공평하게 나눠야 하고, 전업주부라 하더라도 재산 분할을 요구할 수 있습니다.
2. 결혼을 망가뜨린 사람은 재산 분할과 별개로 정신적으로 손해를 본 사람에게 위자료를 지급해야 하는데, 평균 위자료는 2000~3000만 원 정도입니다.
3. 자녀가 있다면 누가 키울지 정해야 합니다. 대체로 어머니가 양육자로 지정됩니다. 양육하지 않는 사람은 소득과 자녀 나이에 따라 정해지는 양육비를 지급해야 합니다. 직접 키우진 않더라도 면접교섭권을 행사하면 자녀를 만날 수 있습니다.

• 양육비이행관리원(http://www.childsupport.or.kr): 양육비를 받지 못했을 때 해결 방법을 알려준다.

상속 문제로
고민이라면?

피는 물보다 진하다고 합니다. 한 부모 아래에서 태어나 한 집에서 생활한 가족은 누구보다 가까운 사이죠. 그런데 항상 화목하게 지내는 건 아닙니다. 형제자매 사이인데도 연락조차 하지 않는 이들을 꽤 자주 봅니다. 집안마다 고유한 사정이 있겠지만 다툼의 원인을 찾아보면 돈 문제가 끼어 있는 경우가 태반입니다. 주로 부모님 재산을 둘러싼 분쟁이 많은데, 자녀 중 일부가 재산을 독차지하거나 많이 차지하려 해서 보통 싸움이 일어나곤 합니다.

화목한 가족관계를 유지하려면 상속 문제를 현명하게 다뤄야 합니다. 그러기 위해서는 상속에 관한 법적 지식이 필요하고요.

082

상속은 사망한 사람의 재산이 다른 사람에게 이전되는 걸 말합니다. 재산을 가지고 있다가 사망한 사람을 '피상속인被相續人'이라 부르고 재산을 넘겨받는 사람을 '상속인相續人'이라고 합니다. 외할아버지 재산을 어머니가 상속하는 경우, 외할아버지가 피상속인이 되고 어머니가 상속인이 되는 것이죠. 피상속인이 정확한 표현이지만 용어가 낯설 수 있고 상속인과 헷갈릴 가능성이 있어 여기에서는 '사망자'라 하겠습니다.

상속이 항상 좋은 것만은 아닙니다. 재산만이 아니라 빚도 상속되기 때문이죠. 부모와 자식 사이는 천륜天倫이라 부를 정도로 각별한 관계지만 부모의 빚을 떠안아야 하는 자식 입장에서는 억울하다는 생각이 들 법도 합니다. 그래서 우리 법은 구제책을 마련해두고 있습니다. 대표적인 구제책이 '상속 포기'와 '한정승인限定承認'입니다.

상속 포기는 말 그대로 아예 상속받지 않겠다는 걸 말합니다. 재산과 빚이 같이 있을 경우 재산만 상속받고 빚은 상속을 포기하면 되는 것 아니냐고 생각할 수 있지만 그렇게는 불가능합니다. 재산과 빚을 함께 포기하는 것만 가능합니다. 상속을 포기하려면 상속 개시가 된 걸 안 날부터 3개월 이내에 가정법원에 신고해야 합니다. 상속 포기는 비교적 단순한 방법이지만 한 가지 단점이 있습니다. 내가 상속을 포기하면 다음 순위 상속인에게 빚이 넘어간다는 점입니다. 홍길동(할아버지)-홍기순(아버지)-홍지연(딸)으로 이어지는 3대 가정에서 홍길동의 빚에 대해 홍기순이 상속을 포기하면 딸인 홍지연에게 그 빚이 상속되는 식이죠. 이런 문제를 해결하려면 한정승인을 해야 합니다.

한정승인은 재산과 빚을 모두 물려받는 대신, 재산의 범위 내에서만 빚을 떠안는 걸 말합니다. 예를 들어, 재산이 1억 원, 빚이 1억 5000만 원인 상황에서 한정승인을 하면 빚과 재산을 모두 상속받지만 빚은 재산의 한도인 1억 원 범위 안에서만 상속하므로 전체 빚을 다 갚을 필요가 없는 것이죠. 한정승인을 하려면 상속 개시가 되었다는 걸 안 날로부터 3개월 이내에 상속개시지의 가정법원에 한정승인 신고를 해야 하는데, 이때 상속 재산 목록을 첨부해야 합니다. 한정승인은 직접 할 수도 있지만, 그 과정이 복잡하다 여겨지면 법무사나 변호사에게 도움을 청할 수도 있습니다.[75]

083
_____

유언, 사망자의 마지막 뜻

실제로 상속이 어떻게 이뤄지는지는 유언을 했는지 여부에 따라 달라지는데, 먼저 사망자가 유언을 남긴 경우를 살펴보겠습니다.

유언은 사망하기 전에 재산을 어떻게 처분할지 미리 정해놓는 것입니다. 사망하면 재산을 더이상 소유할 수 없지만, 사망하기 전까지는 그 재산의 주인이니 재산 처분 방법을 스스로 정하는 게 자연스러워 보입니다. 유언에서 특별히 유의할 점은 법적으로 유효한 유언이 되려면 엄격한 요건을 갖춰야 한다는 사실입니다. 민법이 인정하는 유언의 방식은 다섯 가지(자필 증서에 의한 유언, 녹음에 의한 유언, 공정 증서에 의한 유언, 비밀 증서에 의한 유언, 구수 증서에 의한 유언)입니다. 이 밖의 다른 방식은 법적으로 유효한 유언으로 인정받지 못합니다. 여기서는 다섯 가지 중에서 가장 간단한 방법인 '자필 증서에 의한 유언' 위주로 이야기하겠습니다.

간혹 "유언장을 쓰려면 반드시 변호사의 도움을 받아야 하는 건가요?"라는 질문을 받는데, 그렇지는 않습니다. 유언장을 작성할 때 변호사의 도움을 받으면 유언장 내용을 좀더 명확하게 정리할 수 있겠지만 필수적인 것은 아닙니다.

빈 종이에 유언 내용을 손으로 적기만 해도 유효한 유언이 됩니다. 자필 증서라는 말에서 알 수 있듯 직접 '손으로' 작성해야 합니다. 다시 말해 컴퓨터를 이용해 작성해서는 안 됩니다. 그리고 유언 내용 외에 유언을 작성한 날짜(연, 월, 일)와 주소, 성명을 기재하고 날인도 해야 합니다. 날짜, 주소, 성명, 날인 가운데 하나라도 빠지면 유언의 효력이 사라집니다.

실제로 유언 요건 일부가 누락되어 연세대학교가 기부금 120

억 원을 받지 못한 적이 있습니다. 사회사업가인 김씨는 "전 재산을 연세대에 기부한다"라는 내용의 자필 유언장을 작성했지만 날인이 빠져 있어 연세대가 기부금을 지급받지 못한 것입니다. 날인 하나 빠진 것 가지고 유언을 무효로 보는 게 이상하다고 생각할 수 있습니다. 유언은 재산 소유자가 사망한 뒤 벌어지는 일이라 분쟁 발생 가능성이 상당히 높습니다. 그 분쟁을 최소화하기 위해 엄격한 기준에 따라 판단하고 있는 것입니다. 자필 증서는 가장 간단한 방법이라 법에서 정한 요건을 갖추었을 때만 유효하다는 게 법원 입장입니다.

유언장이 작성되었다면 일반적으로 그 유언에 따라 재산이 처분되지만 유언 내용이 100퍼센트 실현되지 않을 수도 있습니다. 민법은 상속 재산 중에서 상속인들에게 보장되는 최소한의 몫을 정해두었는데, 이를 '유류분遺留分'이라고 부릅니다. 자녀와 배우자의 유류분은 법정상속분의 2분의 1이고, 부모와 형제자매의 유류분은 법정상속분의 3분의 1입니다. 할머니가 "내 재산을 모두 큰아들에게 준다"고 유언장에 적었더라도 다른 자녀들이 일정 비율을 받을 수 있는 것이죠.

유류분은 유언하는 사람의 자유를 제한하는 역할을 합니다. "내 재산을 내 마음대로 처리하겠다는데 왜 못하게 하느냐"라는 반문이 있을 법합니다. 우리 법이 유류분을 인정하는 까닭은 남은 가족이 최소한의 생활을 유지할 수 있도록 보호하기 위해서입니다.

084

유언이 없는 경우에는 상속 재산을 어떻게 나눠야 할까요?

민사법의 기본 원칙은 '사적 자치'입니다. 사적 자치의 원칙은 개인들 간의 문제는 당사자들이 알아서 정하면 된다는 것입니다. 이런 사적 자치의 원칙은 상속 문제에도 그대로 적용되어 상속받는 사람들(상속인)이 어떻게 나눌 것인지 협의하면 끝납니다. 상속 재산 분할 협의에는 상속인들이 모두 참여해야 합니다. 상속인 중 일부가 빠지면 협의는 무효가 되기 때문이죠.

분할을 어떻게 할지는 상속인들이 자유롭게 정할 수 있습니다. 한 사람에게 모든 재산을 몰아줄 수도 있고, 동일하게 나눌 수도 있습니다. 분할 방식도 자유입니다. 현금으로 나누는 것도 가능하지만 상속 재산이 부동산일 때는 상속인마다 일정 지분 비율을 정하는 것도 가능합니다. 상속인끼리 원만하게 협의가 되면 좋지만 그렇지 않을 경우에는 법대로 할 수밖에 없습니다.

민법은 균분均分 상속을 원칙으로 하고 있어 이럴 경우 기본적으로 모든 상속인은 똑같이 상속을 받게 됩니다. 예전에는 아들인지 딸인지에 따라, 첫째인지 아닌지에 따라 상속분이 달랐지만, 지금은 모두 똑같습니다. 친자녀와 입양 자녀 사이의 차별도 없습니다. 다만 상속인 중에 배우자가 포함되어 있다면 배우자는 다른 상속인들보다 1.5배를 받습니다.

상속 재산을 똑같이 나누면 되니 상속 문제가 매우 간단하게 풀릴 것 같지만 실제로는 그렇지 않습니다. 상속분을 결정할 때 고려해야 할 요소가 더 있기 때문입니다. 바로 '특별수익特別收益'과 '기여분寄與分'입니다.

특별수익은 여러 상속인 중 일부가 사망자로부터 미리 받은 돈을 말합니다. 예를 들어, 이몽룡의 자녀로 이기철(아들)과 이시연(딸)이 있었는데, 이몽룡은 이기철에게 집을 구입하는 데 보태라고 4000만 원을 주었습니다. 이시연은 돈을 받지 못했고요. 그 뒤 이몽룡이 사망하면서 1억 원의 재산을 남겼습니다. 1억 원을 두 사람이 동일하게 5000만 원씩 나눈다면 이시연은 공평하지 않다고 생각할 겁니다. 이미 이기철이 상당한 돈을 받았기 때문이죠. 이렇게 이기철이 미리 받은 돈이 특별수익입니다. 실제 상속분을 정할 때는 이 부분을 빼는 게 공평하죠. 특별수익을 고려하지 않으면 이기철은 5000만 원을 받겠지만, 특별수익을 고려하면 이기철은 3000만 원(7000만 원-4000만 원)을 받게 됩니다.

특별수익은 상속분에서 마이너스 역할을 하지만, 기여분은 플러스 역할을 합니다. 기여분은 사망자를 특별히 많이 부양한 사람을 우대하는 제도입니다. 이번에도 예를 들어보겠습니다.

고미자에게는 두 딸이 있는데, 첫째 딸 최수지는 일찍이 부모로부터 독립해서 같이 생활하지 않았습니다. 그에 반해 둘째 딸 최수희는 어머니와 함께 생활하면서 월급도 받지 않고 어머니가 운영하는 식당일을 도왔습니다. 그리고 어머니 고미자가 질병으로 힘들어할 때 긴 시간 동안 병간호를 도맡았죠. 이런 상황에서 고미자가 사망하면서 2억 원의 재산을 남겼습니다. 두 자녀가 동일하게 1억 원씩 나눈다면 공정하다고 볼 수 있을까요?

부모를 위해 희생한 최수희가 더 많은 돈을 상속받아야 한다고 생각하는 사람이 많을 겁니다. 이렇게 특별한 부양을 하거나 재산 증가에 도움을 준 상속인에게 일정 비율을 더 가산해주는 걸 기여분이라고 합니다. 기여분 기준은 법률에 나와 있지 않으므로, 분쟁이 생기면 판사 재량이 강하게 작용합니다.

• 핵심만 정리 •

1. 상속을 잘 알아야 가족 간 분쟁을 최소화할 수 있습니다. 상속받을 재산보다 빚이 많을 때는 상속 포기나 한정승인을 할 필요가 있습니다.

2. 구체적인 상속분을 미리 유언으로 정해둘 수 있는데, 유언할 때는 법에서 정한 요건을 모두 갖춰야 법적으로 효력이 있습니다. 우리 법은 유류분을 인정하고 있어 유언이 있다 하더라도 일정한 몫은 보호받을 수 있습니다.

3. 유언이 없을 때는 상속인들끼리 재산 처분 방법을 협의해서 나누면 되지만, 그게 어려우면 법이 정한대로 나누어야 합니다. 일반적으로는 동등한 비율로 나누지만, 특별수익과 기여분에 따라 실제 금액은 조정될 수 있습니다.

7장

〈변호인〉과
소송 절차

- 소송을 피하는 세 가지 방법 •
- 소송 전 확인해야 할 사항 •
- 민사소송 이렇게 진행된다 •
- 소송은 결국 증거 싸움 •
- 좋은 변호사를 만나야 소송에서 이긴다 •

· · ·

가난한 집안에서 태어난 송우석(송강호)은 학교를 길게 다니지는 못했지만 머리는 영특했습니다. 혼신의 힘을 다한 끝에 사법고시에 합격하고 변호사가 되었지만, 주변 변호사들은 돈도, 빽도 없는 송우석을 낮잡아봅니다. 그러거나 말거나 송우석은 자신의 길을 걸어갑니다. 그동안 변호사들이 잘 다루지 않던 등기와 세무 업무를 처리하며 많은 돈을 벌어들이죠. 돈 잘 버는 변호사로 이름을 날리던 송우석의 인생이 바뀐 건 국밥집을 운영하는 순애(김영애)가 찾아오면서부터입니다. 순애의 아들 진우(임시완)가 고문을 당해 처참한 몰골이 된 걸 보면서 송우석은 인권변호사의 길을 걷기로 결심합니다.

영화 〈변호인〉은 실제 있었던 '부림사건'을 바탕으로 만들어진 영화입니다. 부림사건은 제5공화국 초기였던 1981년 부산 지역에서 사회과학 독서모임을 하던 학생, 교사, 회사원 등이 체포돼 고문을 당한 사건입니다. 주인공 송우석의 모델은 고 노무현 전 대통령이었고, 이로 인해 영화는 화제가 되었습니다.

아들이 잡혀갔다는 소식을 접한 순애는 송우석에게 간절히 말합니다. "니 변호사 맞재? 변호사님아, 내 좀 도와도." 이처럼 살다 보면 법률 전문가의 도움이 필요한 일이 발생하기도 합니다. 소송 절차가 어떻게 진행되는지, 어떤 변호사가 좋은지 등을 알아두면 문제가 생겼을 때 대처하기 쉽습니다.

· · ·

소송을
피하는
세 가지 방법

홍정은 붙이고 싸움은 말리라는 말이 있습니다. 이 말은 법적 싸움에 들어가기 전 곱씹어봐야 할 말인 것 같습니다. 법적 싸움인 소송은 짧게는 몇 개월, 길게는 몇 년 동안 지속되니까요. 게다가 시간만 오래 걸리는 게 아니라 소송 과정에서 감정 소모도 많아 피해가 상당합니다. 오죽하면 3년 송사에 집안 망한다는 말이 있을까요?

그러니 가급적 싸움, 특히 법적 분쟁은 피하는 게 좋습니다. 꼭 필요하다면 소송을 해야 하겠지만 이왕이면 소송까지 가지 않고 다른 방법을 사용하는 게 낫습니다. 이번에는 소송하지 않고 문제를 해결할 수 있는 여러 방법에 대해 알아보겠습니다.

085

내용증명은 어떤 쓸모가 있을까?

내용증명은 우편법에서 규정하고 있는 제도로 우체국 창구 또는 인터넷으로 발송인이 수취인에게 어떤 내용의 문서를 언제 발송했다는 사실을 우체국이 증명해주는 서비스의 일종입니다.

내용증명을 보내려면 일반 우편이 아니라 등기 우편으로 보내야 합니다. 직접 우체국에 가서 보낼 수도 있고, 인터넷우체국(www.epost.go.kr)을 이용해 온라인으로 보낼 수도 있습니다. 우체국에 직접 방문해 내용증명을 보낼 때는 총 세 부(수신인 발송용, 발신인 보관용, 우체국 보관용)를 준비해야 합니다. 내용증명으로 서류를 발송하면 상대방이 통지받지 못했다고 주장할 때 우체국의 확인을 통해 발송 사실을 증명할 수 있다는 장점이 있습니다. 또 발송일로부터 3년간 우체국이 해당 서류를 보관하므로 서류를 분실하더라도 우체국에 요청해 재발급받을 수 있습니다.

내용증명은 쉽게 말해 공식적으로 보내는 편지입니다. 법률적으로 명확히 정해진 양식은 없지만, 일반적으로는 발신인과 수신인 정보, 제목, 본문으로 구성됩니다. 이 가운데 제일 중요한 건 '본문'입니다. 사실관계를 간략하게 적고 상대방에게 요구하는 사항과 그에 대한 법적 근거를 정확하게 기재하는 게 핵심입니다. 감정적으로 구구절절 쓰는 것보다 간단명료하고 논리적으로 서술하는 게 보다 효과적입니다.

사실 순수하게 법적 효력의 관점에서 보면 내용증명은 큰 의미가 없습니다. 내용증명은 말 그대로 특정한 내용으로 우편물을 보냈다는 사실을 증명할 때는 의미가 있지만, 그 자체로 특별한 법적 효력이 있는 건 아니기 때문이죠.

상대방에게 내용증명을 받으면 반드시 답해야 할까요? 그렇지 않습니다. 내용증명은 일종의 편지이니 반드시 답하지 않아도 됩니다. 맘이 내키지 않으면 그냥 무시해도 되는 것이죠.

같은 내용이라도 어떤 방식으로 전달하느냐에 따라 받아들이는 사람의 반응이 달라집니다. 여러분이 임차인이라고 가정해봅시다. 계약 기간은 지났는데 아직 이사 갈 집을 구하지 못해 기존에 살던 집에서 계속 살고 있습니다. 그런데 집주인(임대인)은 계약 기간이 끝났으니 집을 비워달라는 입장입니다. 이때 집주인이 전화로 그 내용을 전달하는 것과 내용증명을 보내는 경우 어느 쪽이 더 부담스러울까요? 보통 사람들은 말보다 글(서면)로 전달받을 때 보다 진지하게 받아들입니다.

내용증명을 보낼 때 한 가지 주의할 사항이 있습니다. 내용증명이 의미를 갖는 건 글(서면)이 가진 고유한 힘이 있기 때문입니다. 하지만 이건 양날의 검이 될 수 있습니다. 내용증명은 분쟁이 생겼을 경우 향후 법적 조치를 취하겠다는 걸 미리 알리려 할 때 많이 사용합니다. 그러니 내용증명을 받고 보일 수 있는 반응은 크게 두 가지입니다.

'오죽 답답했으면 이렇게 서면으로 작성해서 보냈을까? 문제를 원만하게 잘 해결해야겠네'라고 생각하는 유형과 '아니, 지금 내용증명 보낸 거야? 이거, 싸워보자는 이야기 아냐? 그래, 어디 한번 제대로 붙어보자고'라고 받아들이는 유형입니다.

상대가 첫째 유형이라면 내용증명은 긍정적 기능을 할 수 있습니다. 하지만 둘째 유형이라면 조심할 필요가 있습니다. 오히려 문제를 크게 키울 수 있으니까요. 결국 상대를 봐 가면서 대응 방법을 선택해야 하는 것이죠.

086 _____ 지급명령, 신청서 한 장으로 끝내는 방법

지급명령은 소송과 비슷하지만 소송보다 훨씬 간단하게 진행되는 법적 절차입니다. 받아야 할 돈을 받지 못해 애태우는 사람이라면, 왜 돈을 받아야 하는지 법적 근거를 토대로 논리적으로 정리한 뒤 그 내용을 '지급명령신청서'에 담아 법원에 제출하면 됩니다. 소장을 작성해서 제출하는 것과 지급명령신청서를 작성해서 제출하는 것은 기술적으로 일부 차이가 있긴 하지만, 내용적으로 보면 큰 차이가 없습니다. 그런데 이후 과정이 다릅니다.

원고(소송을 제기한 쪽)가 소장을 제출하면 법원은 소장을 받아 피고(소송을 제기당한 쪽)에게 전달하면서 "원고가 이런 주장을 하는데 어떻게 생각하는지"를 묻습니다. 피고는 답변서를 제출하고, 서면이 몇 번 왔다 갔다 한 뒤 재판 날짜가 정해지면 원고와 피고는 법원에 나가 자기 주장을 펼칩니다. 지루한 법적 공방이 시작되는 것이죠. 그런데 지급명령을 신청받으면 법원은 신청한 사람의 주장과 증거를 바탕으로 어느 정도 타당성이 있다고 생각되면 바로 지급명령을 내립니다. '지급명령支給命令'은 말 그대로 "돈을 지급하라"는 법원의 일방적 명령입니다.

한쪽 말만 듣고 법원이 명령을 내린 것이어서 지급명령을 받은 상대는 억울하다고 생각할 수 있습니다. 하지만 많이 억울해할 필요는 없습니다. 지급명령은 법원의 판결과 달리 잠정적 결론에 불과하므로, 지급명령에 불만이 있으면 이의신청을 하면 되기 때문이죠.

여기에서 유의해야 할 점은 이의신청을 할 수 있는 기간이 법으로 정해져 있다는 겁니다. 이의신청을 하려면 지급명령을 받은 날부터 2주 이내에 해야 합니다. 하루 이틀쯤은 늦어도 괜찮다고 생각하는 사람이 있는데 그렇지 않습니다. 딱 2주 이내에만 이의신청이 가능하고, 그 이후에는 할 수 없습니다.

지급명령을 받고 난 뒤 이의신청을 하면 지급명령은 효력이 없어지고 본격적인 재판을 통해 시시비비를 가리게 됩니다. 그런데 이의신청을 하지 않으면 지급명령은 판결과 같은 강력한 힘을 갖게 됩니다. 지급명령에 나온 대로 돈을 지급해야 하는 것이죠. 지급명령을 받고 난 뒤 대수롭지 않게 여기다가 큰코다칠 수 있으니 유의해야 합니다.

내 용 증 명

발 신 인 ○ ○ ○
　　　　○○시 ○○구 ○○길 ○○

수 신 인 ○ ○ ○
　　　　○○시 ○○구 ○○길 ○○

임대차계약 해지 통고

1. 본인(발신인, 이하 '본인'이라 칭함)은 ○○년 ○○월 ○○일 귀하
   (수신인, 이하 '귀하'라고 칭함)에게 아래와 같은 내용으로 본인
   소유의 주택을 임대한 바 있습니다.

   임대차목적물: ○○시 ○○로 ○○번길 ○○아파트 ○○㎡
   임차보증금: 금 00,000,000원
   월 임대료: 금 000,000원
   임대차기간: ○○년 ○○월 ○○일부터 ○○년 ○○월 ○○일까지

2. 귀하께서는 위 계약에 따라 본인에게 계약금 0,000,000원을 계약
   당일 지급하고, 나머지 임대보증금의 잔금 00,000,000원은 같은
   해 ○○월 ○○일 지급하였고, 위 잔금지급일부터 위 임대차목적
   물에 입주하여 거주하고 계십니다.

3. 그런데 위 임대차계약은 현재부터 그 기간의 만료일인 ○○년 ○
   ○월 ○○일까지 약 3개월 정도밖에 남지 않았는 바, 임대인인 본
   인으로서는 계약조건의 변경 없이는 귀하와 위 임대차계약을 갱
   신할 의사가 없음을 통지합니다.

4. 따라서 만약 귀하께서 위 계약조건의 변경에 동의하지 않으신다
면, 위 계약기간이 만료하는 즉시 위 임대차계약은 종료됨을 통지
하는 바, 귀하께서는 위와 같은 점을 양지해주시기 바랍니다. 그
리고 귀하께서는 계약기간 만료일에 본인으로부터 임대차보증금
을 지급받는 동시에 위 임대차목적물을 본인에게 인도해주시기
바랍니다.

○○년 ○월 ○일
발신인 ○○○ (서명 또는 날인)

소송은 냉엄한 승부의 세계라 승자와 패자가 분명히 존재합니다. 이기면 좋겠지만 지면 뼈아픕니다. 소송 결과는 "모 아니면 도"입니다. 하지만 현실의 윷놀이는 어떤가요? 모나 도보다는 개, 걸, 윷 등이 나올 확률이 더 높습니다. 마찬가지로 법적 분쟁도 누군가가 일방적으로 잘못했다기보다는 양쪽 모두 잘못한 경우가 많습니다. 하지만 약간의 차이로 한쪽은 모두를 얻고, 다른 한쪽은 모두를 잃는다면 공평하지 않다고 볼 수 있지 않을까요?

소송은 일종의 싸움입니다. 주먹 말고 말로 치고받는 싸움이죠. 그러다 보니 서로 감정이 격해지기 마련입니다. 사실관계를 자기에게 유리한 방향으로 주장하는 일은 다반사고, 상대를 거짓말쟁이나 사기꾼으로 모는 일도 자주 있습니다. 그래서 소송을 하면 상대와 감정의 골이 매우 깊어지곤 합니다. 소송은 결국 분쟁을 원만하게 마무리짓기 위해 취하는 방식인데, 이렇게 서로에 대한 반감이 커진다면 문제만 심화시킬 가능성이 크죠.

이런 문제를 해결하기 위한 제도가 바로 '조정調停'입니다. 조정은 협의와 양보를 통해 사건을 원만하게 해결하는 과정입니다. 자기 입장만 주장하지 말고 한 발짝씩 물러서서 다른 사람 입장도 고려해보자는 것이지요. 소송을 할지 말지 고민하는 단계라면 당사자들 사이는 대화로 해결되지 않는 상황일 겁니다. 그런데 조정이 의미가 있냐고요? 물론 조정이 되지 않을 수도 있지만 조정으로 사건을 원만하게 해결하는 경우가 꽤 많습니다.

내용증명은 법원 같은 제3자가 전혀 개입하지 않죠. 지급명령은 법원이 어느 정도 개입하지만 한쪽의 일방적 주장만 듣고 판단을 내리는 것이고요. 그런데 조정은 제3자가 적극 개입합니다. 바로 조정위원이 그들입니다. 조정위원들은 양쪽을 화해시켜서 합의를 이끌어내는 게 일인 사람들입니다. 싸움을 부추기는 사람이 옆에 있으면 적당히 참을 수 있는 일도 싸움으로 번지곤 하죠. 그 반대의 경우도 있습니다. 싸움을 그만하고 싶을 때 옆에서 "이제 그만하는 게 어떠냐"라고 말리면 못 이기는 척 물러서기도 합니다. 물론 조정위원들이 싸움을 그만둘 심리적 명분만 제공하는 건 아닙니다. 조정위원들은 대체로 법조인들인데, 그들은 법적 논리로 양쪽을 모두 설득합니다.

조정의 좋은 점은 최악의 상황을 피할 수 있다는 겁니다. 소송으로 승소 판결을 받으면 최선의 결과지만, 세상에 100퍼센트 확실한 건 없습니다. 패소 가능성이 전혀 없다고 말하기 어려운 것이죠. 그런데 조정을 하면 패소에 따른 부담을 줄일 수 있습니다.

예를 들어, A가 B에게 1000만 원을 받아야 하는데 B는 500만 원 정도는 줄 용의가 있다고 합니다. 이때 여러 증거나 관련 법령에 따라 소송을 제기하면 승소 확률이 대략 70퍼센트 정도입니다. 모험을 즐기는 사람은 소송을 선호할 겁니다. 70퍼센트 확률로 1000만 원을 받을 수 있으니까요. 하지만 모험을 즐기지 않는 사람은 30퍼센트 확률로 돈을 받지 못할 가능성이 걱정스러울 겁니다. 이럴 때는 500만 원 정도로 조정해서 확실하게 돈을 받는 게 나은 선택지가 될 수 있습니다. 곧 조정은 최선의 결과는 아니더라도 최악은 피하고 차선을 선택하는 것입니다.

조정은 어떻게 신청해야 할까요? 조정과 소송 제기 과정은 큰 차이가 없습니다. 소송에는 소장을, 조정에는 조정신청서를 작성하는 차이만 있을 뿐입니다. 조정은 사안에 따라 각종 위원회 (중앙환경분쟁조정위원회, 한국저작권위원회 등)에서 담당하기도 하지만 일반 사건은 관할 법원에 신청하면 됩니다.

• 핵심만 정리 •

1. 내용증명은 편지 발송 사실을 우체국이 증명해주는 우편 서비스입니다. 내용증명은 그 자체로 특별한 법적 효력이 있는 건 아닙니다. 말보다는 글이 갖는 무게감이 커서 내용증명이 문제를 해결하기도 합니다. 다만 내용증명이 상대를 자극해 문제를 악화시킬 수 있다는 점을 명심해야 합니다.
2. 지급명령은 신청인 주장만 듣고 법원이 내리는 명령입니다. 지급명령에서는 기한 준수가 중요한데, 지급명령에 이의가 있는 사람은 지급명령서를 받은 날부터 반드시 2주 이내에 이의신청을 해야 합니다.
3. 조정은 협의와 양보를 통해 사건을 원만하게 해결하는 과정으로, 조정을 하면 패소에 따른 부담을 줄일 수 있습니다.

소송 전
확인해야 할
사항

여행 계획을 세울 때 어떻게 하시나요? 먼저 시간이 되는지 확인하는 게 일반적이겠죠. 금전적 부분도 무시할 수 없으므로 여행 비용이 충분한지도 살피고요. 또 어떤 지역을 갈지, 교통편으로는 무엇을 이용할지, 무슨 음식을 먹을지도 계속 고민하게 됩니다. 여행지에서 필요한 물건이 있는지도 미리 생각해야 하고요.

여행을 가기 전 고민하고 체크해야 할 부분이 많듯이, 소송을 제기할 때도 미리 알아보고 확인해야 할 사항들이 많습니다. 감정에 북받친 나머지 홧김에 소송을 제기하는 경우도 있는데, '아니면 말고' 식으로 소송을 제기했다가 오히려 더 큰 피해를 입기도 합니다. 철저한 준비가 필요한 이유입니다.

088

소송에서 이길 확률은 과연 얼마나 될까?

상대 행동이 너무 괘씸해서 그 사람에게 불편을 주기 위해 소송을 제기하는 사람도 꽤 있습니다. 또는 결과가 나오는 걸 지연시키기 위해 소송을 이용하는 경우(대표 사례로는 임대인이 건물을 비워달라고 요구할 때 임차인이 소송을 제기해 건물 인도 시기를 늦추는 경우)도 있고요. 이런 때는 소송 결과가 당사자에게 크게 중요하지 않습니다.

하지만 이는 예외적인 경우입니다. 일반적으로 소송을 제기하는 이유는 원하는 결과를 얻기 위해서입니다. 그러니 소송 전에 제일 먼저 해야 할 일은 이길 가능성, 곧 '승소가능성勝訴可能性'을 생각해보는 겁니다. 사건을 맡기기 위해 변호사 사무실을 방문하는 의뢰인이 제일 처음 물어보는 질문이 "소송하면 이길 수 있나요?"입니다. 질문은 단순하지만 답하기는 쉽지 않습니다. 이길 수 있을지 판단하려면 사실관계를 정확하게 파악하고 그에 맞는 법률 조항과 판례를 분석해 적용해야 하는데, 이 일이 생각만큼 쉽지 않습니다.

법조문 대부분은 추상적이어서 그 법이 어떤 사안에 적용될지에는 판사의 주관적 해석이 개입될 여지가 많습니다. 또 유사 사안에 대한 판례가 있다 하더라도 사실관계가 다르면 적용되지 않을 수 있고 판례 자체가 변경되기도 하니 판례가 있다고 해서 승소가 확실한 것도 아닙니다.

승소가능성은 사건에 따라 천차만별이지만 '상식'이 하나의 기준이 됩니다. 상식적으로 생각했을 때 상대 주장이 너무 과하다면 이길 가능성이 높고, 반대로 내 주장이 비상식적이라면 패소할 가능성이 높죠. 하지만 상식은 지나치게 모호한 기준이기도 합니다. 그럴 때는 전문가의 도움이 필요합니다. 승소가능성을 따지는 일은 매우 어렵고 전문적인 영역이라 변호사 같은 법률 전문가의 객관적 판단을 받아보는 것이 좋습니다. 여기서 한가지 주의할 점은 변호사 이야기를 너무 맹신해서는 안 된다는 겁니다.

변호사는 소송을 맡아서 돈을 버는 사람입니다. 소송을 할지 말지 고민하는 사람에게 변호사가 속 시원하게 이길 수 있다고 말하면 의뢰인은 소송해야겠다는 생각을 강하게 갖게 되죠. 따라서 상담 단계에서 변호사가 승소가능성을 다소 부풀려 말할 가능성이 있습니다.

보다 객관적으로 승소가능성을 확인하는 방법은 여러 변호사와 상담해보는 겁니다. 귀찮을 수는 있지만 소송을 할지 말지 결정하는 일은 매우 중요하므로 발품을 파는 게 낫습니다. 그리고 단순히 이길지 말지에 대한 것만이 아니라 그 근거에 대해서도 물어봐야 합니다. 근거를 토대로 나름대로 판단해보면 승소가능성을 어느 정도 가늠할 수 있죠.

089

패소했을 때
부담해야 하는 것들

동전의 양면처럼 승소가능성과 패소가능성은 하나의 짝입니다. 소송에서 이기지 못하면 단순히 원하는 걸 얻지 못하는 것에서 그치는 게 아니라 추가 손해까지 생길 수 있습니다. 대표적인 게 소송 비용입니다.

소송 비용은 말 그대로 소송 과정에서 발생한 각종 비용을 말하는데 소송에서 진 사람이 부담합니다. 소송을 진행하다 보면 여러 행정적 비용이 필요합니다. 소장을 제출할 때는 수수료 성격의 인지印紙대를 법원에 제출해야 합니다. 각종 서류를 원고와 피고가 주고받아야 하니 우편물을 보내는 데 사용되는 송달료도 발생합니다. 법관의 판단 능력을 보충하기 위해 전문 지식과 경험을 가진 사람에게 의견을 구하기도 하는데, 이걸 '감정鑑定'이라고 합니다. 건물에 하자가 생겼을 때 하자 정도와 원인을 건축사에게 문의하거나, 산업재해 관련 소송에서 근로자의 신체가 손상된 정도를 의사에게 문의하는 게 대표 사례죠. 이렇게 전문가의 의견을 들어야 할 때 발생하는 감정 비용도 소송 비용의 일부입니다.

소송 비용 중에서 가장 큰 부분을 차지하는 건 변호사 보수(비용)입니다. 소송에 대응하기 위해 변호사를 선임하면 변호사 선임비가 발생하죠. 일단 선임비는 선임한 사람이 부담하지만, 소송 결과에 따라 이 돈을 돌려받을 수도 있고 더 내야 할 수도 있습니다. 만약 소송에서 이긴다면 내가 선임한 변호사 비용을 상대에게 받을 수 있으니 공짜로 소송한 셈이 됩니다. 하지만 소송에서 패소하면 내가 선임한 변호사 비용을 돌려받지 못하는 것은 당연하고, 상대가 선임한 변호사 보수까지 지급해야 합니다.

그렇다고 상대 변호사 비용 전체를 지급해야 하는 건 아닙니다. 패소했을 경우 지급해야 하는 변호사 비용에 관해서는 법(변호사보수의소송비용산입에관한규칙)으로 정해져 있는데, 소가(소송의 액수)에 따라 달라집니다. 예를 들어, 1억 원짜리 소송에서 패소한 경우, 인정되는 변호사 보수는 740만 원입니다. 이때 상대가 변호사 보수로 1000만 원을 지급했다 하더라도 패소한 쪽은 상대 변호사 보수로 740만 원만 부담하면 됩니다(만약 상대가 500만 원을 지급했다면 상대 변호사는 500만 원 전부를 받을 수 있습니다).

패소한 상대에게 받을 수 있는 변호사 보수의 상한을 정해놓은 것은 패소에 따른 피해가 지나치지 않도록 하기 위해서입니다. 만약 1000만 원짜리 소송에서 패소해 1000만 원을 지급했는데, 상대가 대형 로펌의 변호사를 선임한 까닭에 변호사 보수가 3000만 원이고 그 전액을 지급해야 한다면, 배보다 배꼽이 더 큰 불합리한 상황이 만들어지겠죠.

소송 비용이 정확히 얼마인지 알기 위해서는 별도의 신청을 해야 합니다. 소송이 다 끝난 뒤 법원에 '소송비용확정신청'을 하면 법원 공무원이 정확한 비용을 알려줍니다.

090

실제로 돈을
돌려받을 수 있을까?

소송 제기 전에 승소가능성을 고려하는 사람은 많지만, 집행가능성을 고려하는 사람은 많지 않습니다. '집행가능성執行可能性'은 상대에게 실제로 돈을 받을 수 있는 가능성을 말합니다.

소송에서 이기면 법원이나 검찰이 후속 조치까지 해줄 것이라 생각하는 경우가 적지 않은데, 실제로는 그렇지 않습니다. 판결에는 강제력이 있어 누구나 그 결과에 따라야 하지만, 따르지 않고 버티는 사람도 종종 있으니까요.

예컨대 "A는 B에게 5000만 원을 지급하라"라는 판결이 선고되었지만 A가 돈을 지급하지 않으면 B는 난감하겠죠. 법원이 A에게 돈을 받아 B에게 전달해주면 좋을 텐데 법원이 그런 일까지 하지는 않으니까요. 이렇게 법원 판결에도 불구하고 상대가 돈을 지급하지 않을 때 강제로 돈을 가져오는 과정을 '강제집행强制執行'이라고 합니다. 강제집행을 하려면 상대에게 재산이 있어야 합니다. 부동산을 소유하고 있다면 부동산에 대한 경매를 신청해서 낙찰대금 중 일부를 찾아올 수 있고, 은행 예금이 있다면 예금액을 인출할 수 있습니다. 간단하게 언급했지만 사실 강제집행은 매우 복잡하고 어려운 과정이라 이를 전문으로 처리해주는 법무법인까지 있을 정도입니다.

강제집행의 어려움은 차치하고라도 앞에서 말했듯 강제집행을 하려면 상대에게 재산이 있어야 합니다. 빈털터리를 상대로 소송을 제기한다면 이겨도 실익이 없겠죠.

소송을 제기해 힘들게 승소했는데도 아무런 이익이 없다면 매우 허망하니 상대의 재산 상태를 미리 확인해두는 게 중요합니다. 만약 돈이 없다면(법률적으로는 "변제자력이 없다"라고 표현합니다) 소송 제기를 심각하게 고민해봐야 합니다. 그리고 상대에게 재산이 있는데 나중에 그 재산을 처분할 가능성이 있는 경우에는 가압류·가처분 같은 보전처분을 해두어야 하고요.

• **핵심만 정리** •

1. 소송 제기 전에 반드시 승소가능성을 따져봐야 합니다. 승소 가능성을 가늠하는 첫째 기준은 상식이지만, 객관적인 승소 가능성을 파악하려면 여러 변호사에게 상담을 받는 게 좋습니다.

2. 소송에서 진 사람은 소송 비용을 부담해야 합니다. 소송 비용 중 가장 큰 부분을 차지하는 건 변호사 비용으로, 패소하면 상대 변호사 보수까지 대신 주어야 합니다.

3. 소송에서 이긴다고 법원이 돈을 받아주는 건 아닙니다. 상대가 자발적으로 이행하지 않으면 강제집행을 통해 돈을 받아올 수밖에 없습니다. 그러니 소송하기 전에 돈을 받을 수 있는지(강제집행 가능성)를 확인해야 합니다.

민사소송
이렇게
진행된다

　운동 경기를 제대로 즐기려면 경기의 기본 규칙을 알아둬야 합니다. 예를 들어, 축구에는 오프사이드off-side라는 반칙이 있습니다. 공격수가 상대편 진영의 볼과 최종 두 번째 수비수보다 더 앞쪽에 있을 때 오프사이드 반칙이 됩니다. 그런데 이 규칙을 알지 못하면 왜 공격을 하다가 멈추고 심지어 골까지 넣었는데 득점이 무효가 되는지 납득하지 못합니다. 다른 모든 운동 경기에서도 마찬가지입니다.

　어떤 면에서 재판은 운동 경기와 유사합니다. 운동 경기에 규칙이 있듯, 재판에도 소송에 관한 규칙이 있습니다. 소송 규칙은 대부분 절차에 관한 것인데요. 절차가 중요한 이유는 공정한 절차가 있어야 재판 결과를 납득하고 받아들일 수 있어서입니다.

특히 재판 결과에 따라 사람이 구속되거나 전 재산을 잃을 수도 있기 때문에 어느 한쪽에 치우치지 않도록 공평하고 합리적인 절차가 이행되어야 합니다.

091 절차는 왜
중요한 걸까?

한동안 연락이 없던 지인이 오랜만에 연락을 주었을 때는 안부가 궁금해서인 경우도 있지만 법률 조언을 얻기 위해서인 경우도 적지 않습니다. 그때 가장 많이 하는 질문이 이렇습니다.

"이럴 때 어떻게 해야 하나?"

이 말은 두 가지 의미를 담고 있습니다. 첫째는 '법률적으로 구제받을 수 있는지'이고, 둘째는 '구제받으려면 어떤 방법을 사용해야 하는지'입니다. 법적 문제가 생겼을 때 어떻게 해야 할지 몰라 막막해지는 건 대개 법적 절차를 잘 알지 못해서입니다. 소송을 제기하면 될 것 같긴 하지만 구체적으로 무엇을 어떻게 해야 하는지 떠오르지 않을 때가 많죠.

변호사를 선임하지 않고 스스로 하는 소송을 '나홀로 소송'이라고 부릅니다. 2020년에 실시된 한 통계 조사에 따르면 민사소송에서 나홀로 소송 비율이 약 72퍼센트에 달한다고 합니다.[76] '나홀로 소송'에서는 온전히 혼자 힘으로 소송을 이끌어가야 하므로 소송의 진행 과정과 그 절차를 제대로 이해하고 있어야 합니다.

판사가 재판의 진행 과정을 설명해주기도 하지만 모든 과정을 상세하게 안내하지는 않습니다. 그건 판사가 불성실해서 그럴 수도 있지만, 재판의 공정성을 지키기 위해서이기도 합니다. 판사는 중립 위치에서 심판하는 사람인데 한쪽 당사자에게 자세하게 설명하다 보면 자기도 모르는 사이 그쪽 편을 들게 되는 일이 생길 수 있거든요.

변호사를 선임했다면 변호사가 대신 소송을 진행하니 크게 신경 쓰지 않아도 되지만, 그럼에도 기본 절차는 알아두는 게 좋습니다. 전체 과정을 알아야 내 사건이 어떻게 흘러가고 있는지, 변호사가 얼마나 잘 대응하고 있는지, 혹시 변호사가 놓치는 부분은 없는지 체크할 수 있기 때문입니다.

092 _____ 민사소송의 시작은 소장 작성에서부터

민사소송은 소장을 작성하는 일에서 시작합니다. '소장訴狀'은 소송을 제기한 사람(원고)이 상대(피고)에게 요구하는 바를 상세하게 정리한 서류입니다.

소장은 크게 세 부분(당사자, 청구취지, 청구원인)으로 구성됩니다. 우선 '청구취지請求趣旨'는 원고가 원하는 결론을 요약적으로 정리한 것이고, '청구원인請求原因'은 그에 관한 근거를 제시하는 부분입니다. 예를 들어, 빌려준 돈을 받지 못해 소송을 제기한 경우, 청구취지에는 "A는 B에게 돈 1000만 원을 지급하라"라고 기재하고, 청구원인에는 언제 돈을 빌려주었는지, 그에 대한 증거로는 무엇이 있는지를 밝힙니다.

소장 작성은 소송에서 가장 기본적인 일이면서 가장 중요한 일이기도 합니다. 소장에서는 사실관계를 일목요연하게 정리하고, 내가 요구하는 사항을 명확히 밝힌 뒤 그에 관한 법적 근거를 제시해야 합니다. 그러니 소장을 작성하는 게 쉬운 일은 아닙니다. 특히 변호사 없이 나홀로 소송을 해야 한다면 소장 작성 과정에서 답답함을 느끼곤 하죠.

이럴 때 활용할 수 있는 곳이 법률구조공단입니다. 법률구조공단 홈페이지에 가면 주요 소송의 소장 양식을 확인할 수 있으니 가장 유사한 소송의 소장을 참고하면 도움이 됩니다. 또 비교적 간단한 사안이라면 법무사 사무실에 일정한 비용을 지급하고 소장 작성을 맡기는 것도 좋습니다.

소장 작성이 마무리되었다면 법원에 제출하는 일만 남습니다. 소장을 법원에 제출하는 방법은 크게 세 가지입니다. 첫째는 법원 민원실을 방문해 직접 제출하는 것이고, 둘째는 우편으로 보내는 것이고, 셋째는 전자소송사이트를 이용해 온라인으로 제출하는 것입니다.

소 장

원고 ○○○ (생년월일: ○○년 ○○월 ○○일)
　　　○○시 ○○구 ○○로 ○○(우편번호 ○○○○○)
　　　위 소송대리인 변호사 ○○○
　　　○○시 ○○구 ○○로 ○○(우편번호 ○○○○○)
　　　전화번호·휴대전화번호:　　　팩시밀리번호:
　　　전자우편주소:
피고 ○○○ (생년월일: ○○년 ○○월 ○○일)
　　　○○시 ○○구 ○○로 ○○(우편번호 ○○○○○)
　　　전화번호·휴대전화번호:　　　팩시밀리번호:
　　　전자우편주소:

대여금청구의 소

청 구 취 지

1. 피고는 원고에게 금 000원 및 이에 대해 이 사건 소장부본 송달 다음 날부터 다 갚는 날까지 연 12%의 비율로 계산한 돈을 지급하라.
2. 소송비용은 피고가 부담한다.
3. 위 제1항은 가집행할 수 있다.

청 구 원 인

1. 원고는 피고에게 ○○년 ○○월 ○○일 금 000원을 대여하면서 ○○년 ○○월 ○○일에 변제받기로 하였습니다.
2. 그런데 피고는 위 대여금 중 ○○년 ○○월 ○○일경 금 000원, ○○년 ○○월 ○○일경 금 000원, 합계금 000원을 변제하였으나, 나머지 금000원을 변제기가 지난 현재에 이르기까지 지불하지 아니하고 있습니다.
3. 따라서 원고는 피고로부터 청구취지와 같은 돈을 지급받기 위하여 이 사건 청구에 이르게 되었습니다.

입 증 방 법

1. 갑 제1호증   무통장입금증
1. 갑 제2호증   차용증서

첨 부 서 류

1. 위 입증 방법   각 1통
1. 소장부본   1통
1. 송달료 납부서   1통

○○년 ○○월 ○○일

위 원고 소송대리인
변호사 ○○○ (서명 또는 날인)

○○지방법원 귀중

소장 제출 후에는 어떻게 진행될까?

원고가 소장을 제출하면 법원은 소장을 피고에게 보냅니다. 피고에게 반박할 기회를 주는 것이죠. 피고는 소장을 받은 날로부터 30일 이내에 답변서를 제출해야 합니다. 만약 기한 내에 답변서를 제출하지 않으면 법원이 원고의 주장이 맞다고 판단해 원고의 손을 들어주는 판결을 내릴 수 있으니 기한을 반드시 지켜야 합니다.

피고가 답변서를 법원에 제출하면 법원은 그 답변서를 원고에게 전달합니다. 피고의 답변서를 본 원고는 답변서 내용을 반박하는 서류(준비서면)를 만들어 법원에 제출하고, 피고는 재반박 서류를 다시 제출하면서 서면 공방을 이어가지요. 이렇게 원고의 소장-피고의 답변서-(원고와 피고의) 준비서면이 모두 제출되고 나면 대략적인 쟁점이 드러나고 드디어 재판일(변론기일)이 정해집니다.

변호사가 대리인으로 선임되어 있다면 당사자(원고나 피고)가 직접 재판에 출석할 필요는 없습니다. 하지만 변호사를 선임하지 않았다면 직접 재판에 나가야 하고, 나가지 않으면 불이익이 발생합니다. 특히 원고가 법원에 나오지 않는 일이 반복되면 법원은 원고가 소송을 계속할 생각이 없다고 판단해 아예 소송이 없던 것으로 처리하니 유의해야 합니다.

재판일에 가면 판사가 여러 질문을 던집니다. 사실관계에 대해 묻기도 하고, 법리적인 면에서 의문이 드는 점을 확인하기도 합니다. 이런 질문들의 행간을 잘 읽어보면 판사가 이 사건에 대해 어떤 생각을 가지고 있고 원고와 피고 중 누구의 주장이 더 타당하다고 생각하는지 힌트를 얻을 수 있습니다.

실무적으로 판사가 마음속에 가지고 있는 결론을 심증心證이라고 하는데, 심증은 판결과 밀접한 연관이 있으므로 잘 파악해 두는 게 승소에 중요한 역할을 합니다. 물론 대놓고 심증을 드러내는 판사는 흔치 않습니다. 그럴 땐 판사의 마음을 짐작하는 수밖에 없죠.

재판일이 잡혔다고 해서 바로 재판이 끝나는 게 아닙니다. 사안이 단순하고 당사자들이 더이상 다투지 않는다면 곧바로 판결 선고 날짜를 정하기도 하지만 그런 일은 많지 않습니다. 원고와 피고가 할 말이 많고 법원도 확인해야 할 사항이 적지 않으면 다음 재판일을 잡는데, 보통은 1개월 뒤로 정해집니다. 그 사이에 원고와 피고는 각자 주장을 정리한 서면을 제출하거나 증거를 보완해야 합니다. 필요하다면 증인을 불러서 신문도 하고 관련 있는 곳에 자료를 요청해야 합니다.

이렇게 원고와 피고가 주장을 충분히 펼치고 나면 법원은 '변론종결辯論終結'을 합니다. 변론종결이 되면 재판 절차는 일단 마무리되고 판사는 당사자의 주장과 증거를 바탕으로 누구의 주장이 타당한지 고민하는 시간을 갖습니다. 변론종결이 된다고 해서 곧바로 판결이 나오는 것은 아닙니다. 보통 변론종결을 하고 약 1개월 뒤에 선고가 이뤄집니다.

· 핵심만 정리 ·

1. '나홀로 소송'을 한다면 스스로 소송 전반을 챙겨야 하므로 소송 절차를 잘 이해하고 있어야 합니다. 설령 변호사를 선임했다 하더라도 사건 진행 상황을 확인하는 것이 무척 중요합니다.

2. 민사소송은 소장을 제출하는 것에서 시작합니다. 소장은 크게 '청구취지'와 '청구원인'으로 구성되는데, 상대에게 원하는 내용과 그 이유를 논리적으로 서술하는 게 중요합니다.

3. 소장을 받으면 30일 이내에 답변서를 제출해야 합니다. 소장-답변서-준비서면이라는 서면 공방 단계가 지나면 변론기일(재판일)이 잡히는데, 변론기일에 판사가 말하는 내용을 귀담아들어야 합니다.

4. 증거 조사가 끝나고 양 당사자가 충분한 주장을 펼치고 나면 법원은 변론을 종결하고 판결을 내립니다.

소송은
결국
증거 싸움

'야구는 투수놀음'이라는 말이 있습니다. 여러 명이 팀을 이뤄 승부를 가리는 단체 경기지만 그중에서도 투수의 역할이 매우 크고 결정적이라는 데서 나온 말이지요. 이 말을 소송에 빗대어 표현해보면 '소송은 증거놀음'이라고 할 수 있습니다. 야구에서 투수의 역할이 중요한 만큼 소송에서는 증거가 무척 중요하다는 의미입니다.

소송의 본질은 자신이 원하는 바를 주장해 판사를 설득하는 과정입니다. 소송은 상대와의 싸움이고 상대는 자신과 다른 말을 할 게 뻔하니 판사를 설득하려면 근거가 있어야 하겠죠. 그 근거가 바로 증거입니다.

소송에 능숙하지 않은 사람들은 자기 주장이 왜 관철되어야 하는지 장황하게 늘어놓는 실수를 합니다. 예를 들면, 상대의 불법적 행동으로 피해를 입어 손해배상청구소송을 제기하는 경우, 상대가 얼마나 나쁜 사람이고 그 때문에 자신이 얼마나 큰 충격을 받았는지 구구절절 주장하는 경우가 대표적이죠. 증거는 제시하지 않은 채 말입니다. 하지만 소송에 익숙한 사람은 다르게 대응합니다. 상대가 어떤 행동을 했는지 증거를 통해 제시하고 그 행동이 어떤 법률에 위반되는지 밝힐 뿐입니다.

증거를 확보하는 능력, 여러 증거 중에서 법원에 제출할 증거로 어떤 걸 골라야 하는지 볼 줄 아는 능력, 해당 증거를 바탕으로 논리적으로 주장을 풀어내는 기술이 유능한 변호사인지, 그렇지 않은지 가리는 핵심 기준입니다. 어떤 증거를 제출해야 하는지는 소송의 종류와 내용에 따라 천차만별인데, 여기서는 일반적인 사항에 대해 이야기해보겠습니다.

증거가 될 수 있는 것에는 특별한 제한이 없습니다. 합법적으로 확보한 것이라면 뭐든 증거가 될 수 있습니다. 여러 증거 중에서 가장 확실하면서도 법원이 좋아하는 증거는 서류(서면)입니다. A가 B에게 돈을 빌려줬다는 소송에서 이기려면 백 마디 말보다 '금전소비대차계약서(차용증)' 한 장이 훨씬 효과적입니다. 그래서 중요한 법률 행위를 할 때는 가급적 계약서를 쓰는 게 좋고, 계약서에 도장을 찍기 전에는 그 내용을 꼼꼼하게 읽어보는 게 필요합니다. 그런데 계약서가 없는 경우도 있고, 있다 하더라도 충분하지 않은 경우도 많습니다. 이때는 다른 증거를 제시해야 하는데, 상대와 주고받은 문자(혹은 카카오톡) 메시지, 통화 녹취, CCTV 영상, 인터넷에 올린 글이 증거가 될 수 있습니다.

아무리 증거를 찾으려 해도 이른바 물증物證이 없는 때도 있습니다. 그때는 인적 증거를 제시할 수밖에 없습니다. 대표 사례가 증인입니다. 증인의 진술도 증거가 되기는 합니다. 하지만 다른 증거에 비해 힘이 약합니다. 증인의 말을 잘 믿지 않는 이유는 거짓말을 할 가능성이 있어서입니다. 증인은 증인선서를 하고 사실대로 말해야 할 법적 의무를 부담하며 거짓말을 할 경우 처벌을 받지만, 그럼에도 사실대로 말하지 않는 사람이 많습니다. 똑같은 사안에 대해 원고 측 증인과 피고 측 증인이 정반대로 증언하는 일도 비일비재한데, 둘 중 하나는 거짓말을 하고 있는 것이니 어느 한쪽을 쉽게 믿을 수 없죠.

특히 소송 당사자와 가까운 사람일수록 진술은 신빙성이 떨어집니다. 예컨대, 대여금청구소송에서 원고의 가족이나 지인이 증인으로 나와 "피고가 돈 빌리는 걸 봤다"라고 주장해도 그 진술은 객관적이라고 인정되지 않을 가능성이 높습니다. 하지만 반대인 경우도 있습니다. 상대와 가까운 사람이 증인으로 출석해 증언했는데, 증언 중에 내게 유리한 부분이 있다면 그 증언은 매우 강한 효과를 가져옵니다.

095

몰래 녹음한 것도
증거가 될 수 있을까?

어떤 범죄나 사건을 해결할 때 나오는 결정적 증거를 보통 '스모킹건smoking gun'이라고 합니다. 이 말은 영국의 추리소설 작가 코난 도일의 〈셜록 홈즈〉에서 유래한 것으로 알려져 있습니다. 연기 나는 총을 든 사람을 범인으로 볼 수 있으니, 'Smoking Gun'은 바로 범인을 알려주는 결정적 증거인 셈입니다.

스모킹건이라는 말을 널리 사용하게 된 것은 1974년 리처드 닉슨 미국 대통령의 워터게이트사건 때부터입니다. 당시 이 사건을 조사한 미국 하원의원이 닉슨 대통령과 수석보좌관 사이에 오간 대화가 담긴 녹음테이프를 가리켜 '스모킹건'이라는 말을 쓰면서 이 용어가 일반적으로 사용되기 시작했죠. 이처럼 사회를 뒤흔든 유명한 사건들에서 녹음파일은 진실을 밝혀주는 결정적 역할을 하곤 했는데, 이는 소송에서도 마찬가지입니다.

소송이 실제로 진행되면 본능적으로 방어 자세를 취하게 되면서 불리한 사실은 말하지 않거나 사실과 다르게 이야기하곤 합니다. 하지만 소송이 제기되기 전에는 의외로 본인에게 불리한 내용을 사실대로 말하는 일이 흔합니다. 그래서 사건 발생 초기에 상대 진술을 녹음해 미리 증거를 확보함으로써 향후 분쟁에 대비하는 건 좋은 자세입니다.

녹음한다는 걸 미리 알리면 상대가 말을 조심스럽게 할 가능

성이 높기 때문에 녹음 사실을 알리지 않는 경우가 많습니다. 소송에서 녹음파일이 증거로 제출되면 "어떻게 내 동의도 받지 않고 몰래 녹음한 걸 증거로 낼 수 있느냐?"라고 분개하는 분도 있습니다. 하지만 현행 법률상 대화 당사자는 상대의 동의 없이 녹음을 하더라도 괜찮다는 게 일반적인 해석입니다.

그 근거는 통신비밀보호법입니다. 통신비밀보호법은 "공개되지 아니한 타인 간의 대화를 녹음 또는 청취하지 못한다"라고 규정하고 있는데,[77] 이때 핵심은 "타인 간의 대화"입니다. 예를 들어 A와 B가 식당의 독립된 공간에서 식사하면서 대화를 나누는데, 그 모임에 참석하지 않은 C가 몰래 두 사람의 대화를 녹음하는 건 통신비밀보호법 위반인 것입니다. C의 입장에서 봤을 때 A와 B의 대화는 "타인 간의 대화"이기 때문입니다. 그런데 A가 B 몰래 대화를 녹음하는 건 통신비밀보호법 위반이 아닙니다. A는 대화 당사자인 탓입니다.

096

소송 과정에서 증거를 확보하는 방법

소송을 제기하기 전에 미리 충분한 증거를 확보해두면 좋겠지만, 현실적으로 어려울 때가 많습니다. 그때는 먼저 소송을 제기하고 진행 중에 증거를 마련하는 것도 하나의 방법입니다.

소송을 제기한 본인은 가지고 있지 않지만, 상대가 어떤 자료를 가지고 있다면 그 자료를 제출해달라고 요청할 수 있습니다. 만약 법원이 그 요청에 합리적인 이유가 있다고 판단하면 문서를 가진 측에게 '문서제출명령文書提出命令'을 내립니다. 법원의 문서제출명령을 받으면 상대는 그 명령에 따라야 합니다.

병원 과실로 환자의 건강이 나빠져서 병원에 손해배상을 청구하는 경우를 예로 들어보겠습니다. 병원이 제대로 치료했는지 알아보려면 진단서, 의료 차트, 진료 기록, 근무 기록 등이 필요합니다. 그런데 병원이 환자의 요구대로 순순히 자료를 넘기지 않을 수도 있죠. 이때 환자가 병원이 가지고 있는 각종 자료를 제출해달라고 법원에 신청하고, 법원이 이를 받아들여 문서제출명령을 내리면 병원은 그 자료를 제출해야 합니다.

문서제출명령을 받은 뒤에도 문서를 제출하지 않으면 불이익이 발생합니다. 뭔가 숨겨야 할 내용이 있다는 인상을 줄 수밖에 없죠. 만약 병원이 진료 기록 등을 제출하지 않으면 의료상 과실이 있었다는 환자 측 주장이 받아들여질 가능성이 높습니다.

소송 당사자(원고와 피고)가 아닌 제3자가 가진 자료를 받아볼 수도 있는데, 이 제도를 '사실조회事實照會' 혹은 '사실조사의 촉탁'이라고 합니다. 실제 사례를 바탕으로 알아볼까요?

D는 E의 차량이 자신의 차량을 긁고 그냥 가버리는 바람에 차량이 파손되었다며 손해배상청구소송을 제기했습니다. 그런데 E는 펄쩍 뛰며 "나는 그때 부산에 있었다. D가 말하는 사고 장소에는 있지도 않았다"라고 주장합니다. 이런 상황에서 E가 정말 부산에 있었는지 확인하려면 E의 고속도로 통행 기록을 들춰보면 됩니다. 이때 한국도로공사에 사실조회를 요청하면 누구의 말이 맞는지 쉽게 가릴 수 있습니다. 물론 문서제출명령과 사실조회는 아무 때나 할 수 있는 건 아니고, 해당 자료가 소송의 쟁점과 연관이 있을 때에야 가능합니다.

• 핵심만 정리 •

1. 소송에서 이기려면 증거를 제대로 제출하는 게 중요합니다. 여기에서 가장 강력한 증거는 서류입니다. 서류 외에도 이메일, 문자메시지, 통화 녹음 등이 증거로 활용될 수 있습니다. 일반적으로 증인의 증언은 신빙성이 높지 않은 편입니다.
2. 녹음파일도 증거로 자주 등장하는데, 대화하는 당사자라면 상대 동의가 없더라도 녹음할 수 있습니다. 하지만 대화 당사자가 아닌 사람이 몰래 녹음하는 건 통신비밀보호법에 위반되는 행위이니 유의해야 합니다.
3. 소송 과정에서도 증거를 확보할 수 있는데, 문서제출명령과 사실조회가 대표 제도입니다.

좋은 변호사를
만나야
소송에서 이긴다

미국 드라마에서는 주인공이 함정에 빠지는 장면을 자주 볼 수 있습니다. 대개는 경찰이 현장에 출동하고 주인공은 꼼짝없이 범인으로 몰리곤 하는데요. 이럴 때면 주인공이 흔히 하는 말이 있습니다.

"I need a lawyer."

직역하면 "나는 변호사가 필요해"이고 의역하면 "변호사 좀 불러주세요" 정도가 될 것입니다. 살다 보면 변호사가 필요한 순간이 오곤 합니다. 문제가 생겼을 때 그 문제를 해결할 가장 합리적인 방법이 법이라면, 법을 다루는 전문가인 변호사를 찾게 되는 것이죠.

변호사, 반드시 필요한 걸까?

법적 문제에 대처해야 하는 상황에 처한다 하더라도 반드시 변호사가 있어야 하는 건 아닙니다. 헌법소송을 제기하는 때나 중대 범죄를 저질러 형사소송을 받는 경우와 같이 예외적인 상황에서는 변호사가 꼭 개입해야 하지만, 대부분의 사건은 변호사의 도움 없이 혼자서 처리하는 게 가능합니다.

법적 지식이 충분하다면 본인소송(나홀로 소송)도 고려해볼 만합니다. 사실 어떤 문제에 대해 가장 잘 아는 사람은 당사자죠. 제3자인 변호사는 당사자만큼 사건에 열의를 갖기 어려우니 직접 하는 게 나을 수도 있습니다. 하지만 당사자는 사건의 사실관계는 잘 알겠지만 법률적 지식이 부족한 경우가 많습니다. 법은 생각보다 어려운 분야니까요. 변호사의 도움이 필요한 첫째 이유는 법적 지식이 충분하지 않기 때문입니다.

그렇다면 법조인은 변호사의 도움이 필요하지 않을까요? 그렇지 않습니다. 법률적 문제에 봉착하는 건 법조인도 똑같습니다. 누구보다 법을 잘 지켜야 하는 게 법조인이지만 법을 어겨 법정에 서는 경우도 적지 않습니다. 이런 상황에 처하면 법조인 대부분은 변호사를 별도로 선임합니다. 법원이나 검찰에서 고위직으로 근무했던 사람도 마찬가지죠. 법 지식이 누구보다 뛰어나고 경험도 충분하니 스스로 방어해도 될 것 같은데, 굳이 변호사를 선임하는 게 의아해 보이기도 합니다.

법조인들이 변호사를 선임하는 이유는 본인이 일을 처리하는 게 번거로워서입니다. 예를 들어, 민사소송의 경우 변호사를 선임하지 않으면 법원에 직접 출석해야 하는데, 변호사를 선임하면 직접 출석할 필요가 없죠. 법원 출석 외에도 소송의 절차적 면에서 직접 하기에는 부담스러운 일들이 꽤 있습니다. 또 법적으로 정확한 판단을 하려면 사건과 한 발짝 떨어져 객관적으로 봐야 할 필요가 있습니다. 아무리 법에 박식한 사람이라도 당사자가 되면 판단력이 흐려질 수밖에 없거든요. 중립적이고 냉철한 관점으로 사건을 파악하고 그에 적합한 조언을 받으려면 다른 변호사가 필요한 겁니다.

098 _____ 변호사를 선임하려면 얼마가 필요할까?

변호사를 선임하면 좋다는 건 알지만, 문제는 돈입니다. 법률구조공단을 통해 무료로 변호사의 도움을 받을 수도 있지만, 일반적으로는 변호사 선임비를 지급해야 하는 상황에 놓입니다. 변호사 선임비는 크게 두 가지로 나뉘는데, 하나는 '착수금着手金'이고 다른 하나는 '성공보수금成功報酬金'입니다.

착수금은 사건을 처리하는 데에 대한 대가로 지급하는 돈입니다. 인터넷에 돌아다니는 사진 중 '입금 전후 연예인 비교'라는 게 있습니다. 연예인들이 평소에는 자기관리를 소홀히 하다가 출연료를 받으면 외모를 가꾼다는 걸 재미있게 표현한 건데요. 변호사들도 이와 비슷합니다. 곧 착수금을 받아야 본격적인 업무를 시작합니다(그래서 '착수'금이라고 부릅니다). 착수금은 사건이 성공적으로 끝나든 실패로 끝나든 상관없이 지급하는 돈이므로 설령 판결 결과가 마음에 들지 않더라도 돌려받을 수 없습니다. 이에 반해 성공보수금은 사건이 성공적으로 끝났을 때 지급하는 돈으로, 일종의 인센티브라고 생각하면 됩니다. 당연히 사건에 성공했을 경우 지급하면 되고, 실패했다면 지급하지 않아도 됩니다.

성공보수금을 정할 때 유의할 사항으로는 어떤 상황을 성공으로 볼지 명확히 정하는 것입니다. 원고 A가 피고 B를 상대로 1억 원을 달라는 민사소송을 제기하면서 변호사 '갑'을 선임한 경우를 예로 들어보겠습니다. 성공을 '승소 판결'로 보면 판결이 선고되자마자 성공보수금을 지급해야 합니다. 하지만 판결은 이겼지만 B에게 돈이 없어 실제로 돈을 회수하지 못할 수도 있죠. 이 상황에서 A의 입장이라면 진정한 의미의 '성공'이라고 보기 어려울 겁니다. 이런 문제를 피하려면, 계약서를 쓸 때 '성공'을 "승소 판결을 받은 경우"가 아니라 "B에게서 실제로 돈을 지급받은 경우"로 정하는 게 좋습니다.

또 민사소송에서는 성공보수금을 약정했다면 승소했을 때 지급해야 하지만 형사소송에서는 성공보수금을 주기로 약속했더라도 지급하지 않아도 됩니다. 형사소송에서 성공보수 약정을 하는 건 수사·재판 결과를 금전적 대가와 결부시킴으로써 인권 옹호와 사회정의 실현을 사명으로 하는 변호사 직무의 공공성을 해친다면서 대법원이 이를 무효라고 보았기 때문입니다.[78]

변호사를 선임할 때 가장 궁금한 부분 중 하나는 변호사 선임료를 얼마나 지급해야 하느냐일 겁니다. 변호사 선임료는 마트에서 파는 제품과 달리 정해진 액수가 따로 없습니다. 사건의 난이도, 사건을 수행하는 변호사의 역량, 의뢰인의 경제적 능력, 지역에 따라 천차만별입니다. 그래도 최소한 감을 잡기 위해 대한변협의 2017년 조사를 살펴볼까요? 조사에 응한 변호사들 중 47퍼센트는 수임료로 300만 원 이상~500만 원 미만으로 받고 있다고 답했으며, 500만 원 이상~1000만 원 미만으로 답한 비율은 32.3퍼센트, 100만 원 이상~300만 원 미만으로 답한 비율은 7.3퍼센트였습니다.[79] 편차가 크지만 보통 500만 원 정도로 생각하면 크게 무리가 없습니다.

또 성공보수금으로는 일정 금액을 책정하기도 하지만 대체로는 비율로 정하는데, 재판에서 승소해 얻게 된 경제적 이익의 10퍼센트 내외로 책정하는 것이 일반적입니다. 예를 들어, 빌려간 돈을 돌려달라는 대여금청구소송을 제기해 피고로부터 1억 원을 받았다면, 그 10퍼센트인 1000만 원을 성공보수금으로 변호사에게 주는 것이죠.

변호사에게 성공보수금을 지급하는 게 마치 세금 떼이듯 아깝다는 마음이 들 수 있습니다. 하지만 변호사의 도움이 없었다면 1억 원 전체를 받지 못했을 수 있다는 걸 생각하면 무의미한 지출은 아닙니다.

099 ————————— 좋은 변호사 vs 나쁜 변호사

전자제품을 살 때는 주요 사항을 살핀 뒤 가격을 비교해 더 싼 제품을 선택하는 게 일반적입니다. 하지만 변호사 선임은 다릅니다. 전자제품은 제품별로 성능이나 기능 차이가 거의 없지만 변호사는 사람인 까닭에 편차가 큽니다. 좋은 변호사를 고르는 방법, 달리 말해 나쁜 변호사를 피하기 위한 팁을 알아볼까요?

상담이나 사건 처리 등 모든 일을 사무장에게 맡겨두는 변호사는 피하는 게 좋습니다. 변호사 사무실에는 변호사 말고도 변호사 업무를 보조하는 직원이 있는데, 보통 '사무장'이라 부릅니다. 상담을 하러 갔는데 변호사가 아니라 사무장이 나오는 경우가 종종 있습니다. 사무장도 법률 분야에 종사하기에 법 지식이 있긴 하지만 아무래도 변호사보다는 전문성이 떨어질 수밖에 없습니다. 그리고 상담은 사실관계를 파악하는 기초 과정인데, 변호사가 직접 상담하지 않고 사무장에게 맡긴다면 실제 사건에서 그만큼 신경을 덜 쏠 가능성이 높습니다.

소송 진행 과정을 제대로 알려주지 않는 변호사는 조심해야 합니다. 소송은 살아 있는 생물과 같아서 계속 변화를 겪습니다. 내 주장이 받아들여지면 좋은 분위기를 타지만 상대가 반박하면 분위기가 나빠질 수도 있습니다. 그래서 의뢰인과 원활하게 소통하는 게 필요합니다. 사실관계를 다시 확인하고, 상대 주장에 재반박할 논리와 증거를 찾는 일은 변호사 혼자서 하는 게 아니라 의뢰인과 협업을 통해 해야 합니다.

그런데 소송이 끝날 때까지 변호사 얼굴을 보지도 못하고 전화 한 통화 받지 못했다고 말하는 분들이 있습니다. 변호사가 의뢰인과 소통하지 않는 경우는 소송이 불리해져서 의뢰인에게 제대로 전달하지 않는 때가 많습니다.

승소를 장담하는 변호사는 기피 대상입니다. 의뢰인 입장에서는 "이 사건은 100퍼센트 이깁니다"라고 시원하게 말해주는 변호사가 마음에 들지 모릅니다. 하지만 정확한 결과는 오직 판사만 알 수 있습니다. 소송을 하기도 전에 좋은 결과를 장담하는 건 의뢰인의 신뢰를 얻어 사건을 유치하려는 의도에서 나온 과장일 가능성이 높습니다.

무리하게 승소를 장담하는 변호사보다는 "이런 점은 유리한 측면이니 이 부분을 소송에서 적극 활용하고, 저런 점은 불리한 부분이니 효과적으로 반박해나가겠다"라는 식으로 유불리를 모두 언급하는 변호사를 더 신뢰하는 게 좋습니다.

판사나 검사와 개인적 친분을 내세우는 변호사도 경계해야 합니다. '전관예우前官禮遇'라는 말이 있죠. 검사나 판사 출신 변호사들이 사건을 맡으면 우호적으로 대해준다는 말인데, 우리나라 법조계의 고질적 병폐로 제기되는 문제입니다. 전관예우가 있는 지, 그 효과가 얼마나 되는지는 알기 어렵지만, 요즘에는 전관이 라고 특별 우대를 받기 어렵다는 게 일반적인 평가입니다. 전관 출신이 아니더라도 판사나 검사와 막역한 사이라고 강조하는 변 호사들이 있는데, 실제로는 그들과 친분이 전혀 없거나 오히려 사이가 좋지 않은 경우도 비일비재합니다. 또 친분이 있다 하더 라도 그 친분을 함부로 이용하려다가 오히려 불이익을 당할 수 있고요.

과거 부장판사 출신의 모 변호사가 전관예우를 내세워 형사 사건을 수임한 뒤 수십억 원의 변호사 비용을 받아 화제가 된 적 이 있습니다. 변호사는 수감 중인 의뢰인에게 재판부와의 친분 을 내세우며 보석으로 나가게 해주겠다고 장담했지만, 결국 의 뢰인은 나오지 못했고 변호사와 의뢰인 사이에서 폭행 사건까지 벌어졌습니다. 이 사건에서 알 수 있듯, 전관 출신 변호사의 호언 장담이 항상 옳은 건 아닙니다.

변호사를 선임할 때 유의해야 할 사항

상담을 하다 보면 "변호사를 사려면 돈이 얼마나 드나요?"라 고 묻는 분들을 종종 만납니다. "의사를 산다" "교사를 산다"라고 말하는 사람은 없는데 "변호사를 산다"라는 표현은 꽤 많은 사람이 씁니다. 비교적 널리 통용되는 표현이라 별로 거부감이 없는 변호사도 있지만 "산다"라는 말을 들으면 물건 취급당하는 것 같아 기분이 나쁘다고 말하는 변호사도 적지 않으니, 가급적 이런 표현은 하지 않는 게 좋습니다.

변호사 보수는 정가定價로 고정되어 있는 게 아닙니다. 〈서울 구경〉이라는 아주 오래된 노래에 나오는 "이 세상에 에누리 없는 장사가 어딨어"라는 가사처럼 변호사 보수도 협의를 통해 어느 정도 조정이 가능합니다. 변호사가 처음에 제시한 보수가 다소 과하다고 생각한다면 사정을 이야기하고 조정을 요구할 수 있습니다. 일반적으로 10퍼센트 정도에서 협의하는 경우가 많습니다.

이때 조심할 것은 '단가 후려치기'는 안 된다는 점입니다. "싼게 비지떡"이라는 속담은 변호사 업무에서도 적용됩니다. 지나치게 낮은 보수를 받으면 변호사가 열정을 쏟지 않을 가능성이 있으니, 뭐든 적당한 대가를 지불하는 게 유익합니다.

변호사와 원활한 의사소통은 매우 중요하지만, 그렇다고 지나치게 자주 연락하는 것도 자제해야 합니다. 의뢰인 중에는 시간과 장소에 상관없이 변호사에게 전화하거나 문자메시지를 보내 온갖 하소연을 하는 분도 간혹 있습니다. 변호사도 사람인 까닭에 휴식이 필요하고, 또 제대로 쉬어야 효율적으로 역할을 다할 수 있습니다. 다급한 경우에는 어쩔 수 없지만 주말이나 일과 후에는 변호사가 에너지를 보충할 수 있도록 배려하는 게 바람직합니다.

· 핵심만 정리 ·

1. 변호사를 선임하는 주된 이유는 법률 지식을 보충하기 위해서입니다. 또 절차적 어려움을 피하고 객관적 시각을 유지하기 위해서이기도 합니다.
2. 변호사 선임비는 착수금과 성공보수금으로 나뉘는데, 사건마다 비용이 다르지만 착수금은 500만 원 정도, 성공보수금은 이득액의 10퍼센트 정도가 일반적으로 책정되고 있습니다. 성공보수금을 정할 때는 성공 조건을 명확히 규정해두어야 이후 분쟁이 없습니다.
3. 사건 처리를 사무장에게 전적으로 맡겨두는 변호사, 소송 진행 과정을 제대로 알려주지 않는 변호사, 승소를 장담하는 변호사, 재판부와의 친분을 내세우는 변호사는 선임을 피해야 합니다.
4. 변호사 보수는 협의가 가능하지만 지나치게 낮게 요구해서는 안 됩니다. 또 필요한 연락 외에 지나치게 자주 연락하는 일은 자제하는 게 좋습니다.

1. 대법원 2016. 6. 9. 선고 2014다58139 판결.
2. 대법원 1998. 10. 2. 선고 98다28879 판결.
3. 민법 제623조.
4. 대법원 2010. 4. 29. 선고 2009다96984 판결.
5. 대법원 1994. 12. 9. 선고 94다34692,94다34708 판결.
6. 대법원 2012. 3. 29. 선고 2011다107405 판결.
7. 대법원 2015. 2. 26. 선고 2014다65724 판결.
8. 민법 제654조, 제614조.
9. 서울중앙지방법원 2007. 5. 31 선고 2005가합100279.
10. 대법원 2007. 8. 23. 선고 2007도2595 판결.
11. 교통사고처리특례법 제4조 제1항.
12. 도로교통법 제148조.
13. 대법원 2009. 5. 14. 선고 2009도787 판결.
14. 대법원 2004. 3. 12. 선고 2004도250 판결.
15. 대법원 2008. 4. 10. 선고 2008도1274 판결.
16. 형법 제31조 제1항.
17. 대법원 2015. 8. 19 선고 2015도6747 판결.

18. 대법원 1991. 5. 14. 선고 91도542 판결.

19. 형법 제155조.

20. 대법원 2000. 3. 24. 선고 99도5275 판결.

21. 형법 제32조 제2항.

22. 대법원 2013. 10. 24. 선고 2013도9514 판결.

23. 대법원 2012. 6. 28. 선고 2012도2628 판결.

24. https://www.mk.co.kr/news/society/view/2018/10/660144.

25. 대법원 2010. 2. 25. 선고 2009도1950 판결.

26. 대법원 2017. 12. 22. 선고 2013다25194, 25200 판결.

27. 대법원 1990. 2. 13. 선고 89도1406 판결.

28. 대법원 1986. 10. 14. 선고 86도1796 판결.

29. 형법 제21조 제1항.

30. 범죄피해자보호법 제9조.

31. https://www.index.go.kr/potal/stts/idxMain/selectPoSttsIdxMainPrint.do?idx_cd=2809&board_cd=INDX_001.

32. 대법원 2016. 12. 27. 선고 2014도15290 판결.

33. 대법원 2011. 9. 8. 선고 2010도7497 판결.

34. 형법 제299조.

35. 대법원 2008. 3. 13. 선고 2007도10050 판결.

36. 대법원 2004. 4. 16. 선고 2004도52 판결.

37. 대법원 2009. 4. 23. 선고 2009다1313 판결.

38. 대법원 2015. 9. 24. 선고 2011다91784 판결.

39. 국민건강증진법 제9조 제5항.

40. 국민건강증진법 제34조 제3항.

41. 공동주택관리법 제20조의2 제3항.

42. 대법원 2004. 9. 13. 선고 2003다64602 판결.

43. 동물보호법 제12조 제1항.

44. 동물보호법 시행규칙 제1조의 3.

45. https://news.joins.com/article/23593997.

46. 대법원 2013. 4. 25. 선고 2012다118594 판결.

47. 서울지방법원 2018. 5. 30. 선고 2017나63995 판결.

48. 서울동부지법 2011. 9. 21. 선고 2009나558 판결.

49. 화물자동차운수사업법 제7조 제1항, 상법 제135조.

50. 약관법 제6조 제1항.

51. 헌재 2005. 5. 26. 99헌마513등.

52. 대전지방법원 논산지원 2013. 8. 9 선고 2013고단17 판결.

53. 대법원 2017. 4. 7. 선고 2016도13263 판결.

54. 근로기준법 제45조.

55. 민사집행법 제246조 제1항 제4호.

56. 근로기준법 제60조 제1항.

57. 대법원 2019. 10. 18. 선고 2018다239110 판결.

58. 근로기준법 제76조의 2.

59. 〈핵심만 담은 노무관리 가이드북〉 제203면, 고용노동부.

60. 대법원 2012. 3. 15. 선고 2011두24644 판결.

61. 대법원 1993. 11. 9. 선고 93다37915 판결.

62. 대법원 2010. 1. 14. 선고 2009두6605 판결.

63. 서울행정법원 2008구합13897.

64. 대법원 1994. 12. 13. 선고 93누23275 판결.

65. 대법원 2015. 9. 10. 선고 2015두41401 판결.

66. 서울중앙지방법원 2020. 1. 23. 선고 2019가합826 판결.

67. 대법원 1993. 10. 26. 선고 93다29358 판결.

68. 가족관계의등록등에관한법률 제23조 제2항.

69. 민법 제806조 및 제843조.

70. 민법 제832조.

71. 대법원 1995. 3. 10. 선고 94므1379,1386(반소) 판결.

72. 주택임대차보호법 제9조 제1항.

73. 대법원 2014. 7. 16. 선고 2013므2250 전원합의체 판결.

74. 대법원 2004. 7. 9. 선고 2003므2251, 2268 판결.

75. 민법 제1019조 제1항.

76. https://news.naver.com/main/read.nhn?mode=LSD&mid=sec&sid1=102&oi
d=014&aid=0004504594.

77. 통신비밀보호법 제3조 제1항.

78. 대법원 2015. 7. 23. 선고 2015다200111.

79. http://news.koreanbar.or.kr/news/articleView.html?idxno=16937.

나를 지키는 생존법률

1판 1쇄 찍음 2021년 01월 04일
1판 1쇄 펴냄 2021년 01월 10일

지은이 김민철
펴낸이 천경호
표지 오이디자인
일러스트 정회진(본문)
종이 월드페이퍼
제작 (주)아트인
펴낸곳 루아크
출판등록 2015년 11월 10일 제409-2015-000020호
주소 10083 경기도 김포시 김포한강2로 208, 410-1301
전화 031.998.6872
팩스 031.5171.3557
이메일 ruachbook@hanmail.net

ISBN 979-11-88296-47-7 03360